しのぶ・あだたらの
むかしばなし

麦わらぼうしの会

歴史春秋社

この本をよむみなさんへ

みなさんは、わたしたちが住むこの福島《ふくしま》のことをどれくらい知っていますか
急にこうたずねられてもすぐには答えられないかもしれません
たくさんのことを知っているよという人もいるかもしれませんし
ほんの少ししか知らないんだという人もいるかもしれません
みなさんが朝おはようを言いながら歩く学校への行き帰りや
校舎《こうしゃ》のまどガラスの向こうにはどんな風景《ふうけい》が見えていますか
遠くに雪をかぶった山のつらなりが見えたり
木々がおいしげるこんもりとした森が風にゆれているのかもしれません
道の曲がり角に小さなお地蔵《じぞう》さんがほほえんでいたり
真《ま》っ赤な鳥居《とりい》のおくに急な階段《かいだん》がつづいて神社がまつられていたり
お寺の黒い瓦《かわら》屋根の下に木彫《ぼ》りの獅子《しし》が口を開けていたりするのを
見たことがある人もいるかもしれません
こうした風景《ふうけい》をみなさんのお父さんやお母さんも
おじいさんやおばあさんも、そのまたおじいさんやおばあさんも、
みなさんと同じように見ていたのです
ずっとずっとさかのぼって……、
わたしたちの祖先《そせん》も、きっとこの風景《ふうけい》を見ていたのでしょう

そしてこれらの風景《ふうけい》から、さまざまに空想を広げては
たくさんのお話をこしらえたのでした
みなさんが見ている遠くの山々にはどんなお話があるのでしょう
みなさんがおまいりするお地蔵《じぞう》さんはなぜここに立っているのでしょう
そんなことがわかると、これまでの風景《ふうけい》が昔《むかし》の時代にもどって見えてくるかもしれません
いつもの神社におまいりする昔《むかし》の人々のかげがかさなって見えてくるかもしれません

この本には福島《ふくしま》の県北地域《ちいき》に伝《つた》わる民話《みんわ》や昔話《むかし》をわかりやすく書いてまとめました。わたしたちは福島《ふくしま》の土地に伝えられてきた古い古いお話を、これから福島《ふくしま》でそだっていくみなさんにも伝《つた》えたいと思いました。

これからどんどん世の中が進んでいくと古いお話はすっかりわすれられてしまうでしょう。これまで伝《つた》わってきたものがうしなわれてしまうことはたいへんもったいないことだと思います。特《とく》に震災後《しんさいご》、福島《ふくしま》の様子《ようす》が大きく変《か》わっていくのを目にしながら、わたしたちは古いお話がわすれられないようにのこしておかなければならないと思いました。

また、みなさんは、古いお話にふしぎなことがたくさん書かれているのをよみ、こんなことは現実《げんじつ》にはありえないことだと考えるかもしれません。
しかし人間が動物や木と話すことができたり、湖の底《そこ》にふしぎな建物《たてもの》があるのではないかと思ったり、森のおくにちえのある生き物が住んでいるのではないかなど

と想像《そうぞう》してみることは、人間の心がすこやかにそだっていくためにはとても大切なことです。
民話《みんわ》や伝説《でんせつ》は伝《つた》えられ方にたくさんのちがいがあり、ひとつのお話が、土地によってさまざまに変《か》えられていることがあります。こちらのお話ではわるい人だとされている人が、あちらのお話ではよい人だとされていることもあります。そうしたちがいはわかりながらも、しかたなく一つの話をえらんで書いたり、お話の流れを守《まも》るためにいくつかのお話をまとめて書いたりしたものもあります。そのため、よりくわしく知りたい人はこの本の最後《さいご》にのせた参考図書《さんこうとしょ》をよんだり、学校の図書室《としょしつ》や近くの図書館《としょかん》などで調べたりしてみるとよいでしょう。またじっさいにお話の舞台《ぶたい》となった場所をおとずれてみることもおすすめします。

世界が変《か》わって見えてくることはわくわくする楽しいことです
この本にのっていないお話もまだまだたくさんあります
どのようなお話が伝《つた》わっているのでしょうか
みなさんが住んでいるところの古いお話をさがしてみてください
そしてその場所をたずねてみてください
きっと楽しい体験《たいけん》が待っているでしょう

及川俊哉《おいかわしゅんや》

もくじ

吾妻山《あづま》の雪うさぎ

――福島《ふくしま》市

「あれ、お山のあんなところに、白いうさぎさんがいるよ」

桃《もも》のピンクの花がいちめんにさいている道を、おじいさんと手をつないで仲《なか》よくさんぽしていた小さな男の子が、とつぜん大きな声でいいました。

男の子がゆびさした吾妻山《あづま》の上の方の、吾妻小富士《あづまこふじ》をおじいさんが見ると、本当に白くてかわいいうさぎがいるではありませんか。

「あれはね、お山にふった雪がうさぎの形になって、のこっているんだよ。だから、雪うさぎというのさ。たねまきうさぎ、ともよぶんだよ」

それから、おじいさんは、むかしから伝《つた》わる吾妻山《あづま》の雪うさぎのお話を、ゆっくりとはじめました。

Teru.

田沢村《たざわ》（現在《げんざい》の福島《ふくしま》市蓬莱《ほうらい》町）というところに、お父さんもお母さんもいなくて、ひとりぼっちの男の子がすんでいました。山奥《やまおく》の小さな田んぼと畑を一生けんめいにたがやして、ひとりでくらしていたのです。

ある日、その男の子は山の中の道で、親子の白いうさぎがじっとしているのを見つけました。お母さんうさぎが、子どものうさぎを守《まも》っているようで、おなかがすいているみたいでした。男の子は背中《せなか》に背負《せお》ったかごの中に、うさぎたちをそっといれて、家へつれて帰りました。

それから毎日、うさぎたちに草をとってきて食べさせて、とってもかわいがっていました。晴れた日は野原や家の庭で、仲《なか》よくピョンピョン、はねまわって遊びました。子うさぎには、お母さんうさぎがいるので、うらやましくなる時もありました。

そのころ、村では日でりがつづき、雨もぜんぜんふりませんでした。田んぼに水がないので、田植《う》えができず、村の人たちはこまってしまいました。これでは秋になってもお米ができないと、心配していたのです。

村の人たちは、田沢《たざわ》村の貝沼《かいぬま》にあった吾妻権現《あづまごんげん》というお堂《どう》に集まって、どうか雨がふりますようにと、おいのりをしました。貝沼《かいぬま》は吾妻《あづま》山の雷沼《かたちぬま》と、底《そこ》の方がつながっているので、吾妻《あづま》山の神さまがきっと、雨をふらせてくれるはずだと考えたのです。でも、さっぱりききめがありませんでした。

しかたがないので、吾妻山《あづま》の雷沼《かたちぬま》まで行って、おいのりすることに決めました。村の人たちは、雨がふってくるように、おまじないとして雨笠《あまがさ》をかぶり、蓑《みの》（わらなどを編《あ》んで作ったむかしのレインコート）をきて、吾妻《あづま》山へ出発しました。山伏《やまぶし》（山にすんでいたお坊《ぼう》さん）に道のあんないをしてもらいながら歩いていったので、とても時間がかかり、くたびれましたがようやく山を登り、雷沼《かたちぬま》までたどりついたのです。

その沼《ぬま》のほとりで、みんなで小さな石を沼《ぬま》に投げいれながら、「雨たんもれ、龍王《りゅうおう》ヤーイ」と大きな声でさけびました。これは、「雨をふらせてください、龍王《りゅうおう》さま（水や雨の神さま）ヤーイ」という意味です。しかし、ちっとも雨がふりません。

そのころ、田沢《たざわ》村では男の子が、家の後ろにある小さな山に登って、村の人たちと同じく神さまへ、雨がふるようにおいのりしていました。空には、どこからやってきたのか、二ひきの大きなとんび（鳥の名前）が、風に乗ってとんでいます。男の子が「とんび、ピイヒョロロ、舞《まい》ってみせろ」とさけぶと、とんびは高い空から急に下って、男の子の家の方へとんでいくのが見えました。そして、庭から何か白いものをあしでつかんで、吾妻《あづま》山に向かってとんでいってしまったのです。

男の子は、西の遠くの方に見える吾妻《あづま》山の吾妻小富士《あづまこふじ》を見て、びっくりしました。なんと、その右がわに白いうさぎの形が、はっきりと見えるではありませんか。男の子はかわいがっていたうさぎの親子が、庭でとんびにつかまって、吾妻小富士《あづまこふじ》までつれていかれたのだと思いました。

男の子は家の後ろの山の上から、白いうさぎの見える吾妻《あづま》山に向かって、「雨たんもれ、龍王《りゅうおう》ヤーイ」とさけびました。そして、家に帰ってみると、うさぎの親子はやっぱりいなくなっていたので、がっかりしました。でも、あらあらふしぎ、あらふしぎ、家の前にある大きな石の間から、水がどんどんわいてきて、川みたいになって流れだしていたので、びっくりしました。

もしかすると、あのとんびは神さまのお使いで、吾妻《あづま》山の神さまのところへ、白いうさぎをつれて帰ったのかもしれませんね。ひとりぼっちでさみしそうだったので、やさしい神さまは男の子の友だちとして、うさぎの親子を道でひろわせたのです。うさぎがもどってきたので、神さまはよろこんで、男の子の家の前から水がたくさんでるようにしたのでしょう。うさぎをかわいがってくれた男の子への、ごほうびだったのですね。

雨はふりませんでしたが、神さまのおかげで川みたいにわいてきた水を、男の子は田んぼへ流して、稲《いね》を植《う》えることができました。村の人たちにも、そのことを知らせて、自分の家の前からでてきた水を、みんなの田んぼへも流してあげました。そのおかげで、秋にはお米がたくさんとれて、みんなとっても幸せにくらすことができたのだそうです。やがて、男の子は長《ちょう》者《じゃ》（お金《かね》もちのこと）になって、お嫁《よめ》さんをもらい、子どもたちも生まれて、家はにぎやかになりました。もう、うさぎたちがいなくても、さみしいことはありませんでした。

その時から、吾妻小富士《あづまこふじ》に見えるうさぎを「たねまきうさぎ」とよぶようになりました。福島《ふくしま》地方の人たちは、春になって黄色い菜《な》の花や、ピンクの桃《もも》の花がさき、その白いうさぎが見える季節《きせつ》になると、畑や田んぼに種《たね》をまくようになったからです。そうすれば、吾妻《あづま》山の神さまとうさぎのおかげで、雨がたくさんふって、豊作《ほうさく》になるとしんじられているのです。

本当は雪がとけないで、うさぎの形になって、のこっていたのですが、吾妻《あづま》山の雪うさぎには、こんなふしぎなお話があったのですね。男の子がすんでいた場所には、現在《げんざい》、「吾妻《あづま》山種《たね》まき兎《うさぎ》発祥《はっしょう》の地」という、高い石の塔《とう》が立っています。福島《ふくしま》市蓬莱《ほうらい》町の三丁目、福島《ふくしま》交通バスの「蓬莱団地《ほうらいだんち》」

入口」という停留所《ていりゅうじょ》の近くにありますので、こんど行ってみてくださいね。

まあ、ざっとこんな物語《ものがたり》をおじいさんは、小さな男の子に話してきかせたのです。そのお話は、小さな男の子にはむずかしくて、よくわかりませんでした。でも、男の子はおじいさんのむかし話をきくのが、大すきでした。遠くの吾妻《あづま》山に見える白いうさぎさんも、大すきになりました。

小さな男の子がいいました。

「でも、あのうさぎさん、ちっともピョンピョン、はねないね」

「それは今、お昼《ひる》ねしているからだよ。ほら、目をつぶっているから目玉が見えないだろう」

「ホントかな。おじいちゃんの話はおもしろいけど、いつもインチキなんだから」

夕日が赤くさしはじめた桃《もも》畑の道を、ふたりは男の子のお母さんが待っている家に向かって、歩きだしました。吾妻《あづま》山の雪うさぎの丸いしっぽがぴょこんと動き、ぱっちりと目を開けて、ふたりの後ろすがたを見ていました。

ゴンボ狐《ぎつね》とその仲間《なかま》たち

——福《ふく》島《しま》市

みなさんは、狐《きつね》を見たことがありますか？　しっぽが大きくて、三角のお耳がぴんと立っていて、とってもかわいい動物ですよね。でも、いたずらが大すきで、いろんな人に化《ば》けるのがとくいなのです。頭の上に木の葉《は》っぱを一まいのっけて、くるりんポン。三回ちゅう返《がえ》りすると、若《わか》い女の人やお坊《ぼう》さんなどに、さっと化《ば》けることができ、人間をだますといわれています。本当かな？　あっ、それから、あぶらあげが大すきです。

信夫《しのぶ》地方（現在《げんざい》の福島《ふくしま》市のあたり）にはむかし、有名な三びきの狐《きつね》がすんでいました。信夫《しのぶ》山のゴンボ狐《ぎつね》、鎌田《かまた》村の加茂左衛門狐《かもざえもんぎつね》、そして一盃森《いっぱいもり》の長次郎狐《ちょうじろうぎつね》です。信夫《しのぶ》の三狐《さんぎつね》とよばれています。みんな、仲《なか》よしですがライバルでもあり、いろいろなドタバタ事件《じけん》をおこしていたのです。では最初《さいしょ》に、鎌田《かまた》の加茂左衛門《かもざえもん》のお話から、はじめることにしましょう。

むかし、鎌田《かまた》村に加茂左衛門《かもざえもん》という名の、天才少年がいました。赤ちゃんの時から、字をすらすら書くことができました。加茂左衛門《かもざえもん》のりこうなことは、遠くの方までひょうばんになり、岩沼《いわぬま》（宮城《みやぎ》県の地名）にある竹《たけ》駒《こま》神社から、ぜひ来てくださいとたのまれました。そのころ、ふつうの人が神社で神さまにお仕《つか》えする仕事につくことは、なかなかむずかしかったのです。お父さんとお母さんは大よろこび。加茂左衛門《かもざえもん》のすきなお赤飯《せきはん》やぼたもち（あんこもち）を作り、お酒も用意して近所の人たちを家に集めて、にぎやかにおいわいの会を開きました。

竹駒《たけこま》神社に仕《つか》えるようになった加茂左衛門《かもざえもん》は、やがて、儀式《ぎしき》に出席《しゅっせき》するために、はるばると京都《きょうと》の大きな神社まででかけていきました。そこで、前にいる人が正一位《しょういちい》という位《くらい》にしていただいて、そのしょうこに、でっかいはんこをおしてもらっているのを見ました。加茂左衛門《かもざえもん》は、それがとてもりっぱなので、ほしくなってしまいました。後ろからそっと手をだすと、なんと、手のひらにボーンと、その大きなはんこをおされてしまったのです。

「このはんこは、いったいなんだろう」と思いましたが、頭のよい加茂左《かもざ》衛門《えもん》にもわかりませんでした。実は、そのはんこは、神主《かんぬし》（神社のえらい人）となって一生、神社にお仕《つか》えしなければならないという、しるしだったのです。こういうわけで、加茂左衛門《かもざえもん》は竹駒《たけこま》神社に、ずっといなければならないことになってしまいました。

最初《さいしょ》のうちは、一生けんめいにはたらいていたのですが、だんだん、福島《ふくしま》のお父さんやお母さんに、会いたくなってきました。そこで、加茂左衛門《かもざえもん》は竹駒《たけこま》神社からそっとぬけだして、鎌田《かまた》村の家へ帰ってきてしまったのです。家では加茂左衛門《かもざえもん》がりっぱになって、ひさしぶりに帰ってきたので大よろこび。お母さんはさっそく、ぼたもちをたくさん作りました。ところが、加茂左衛門《かもざえもん》は大すきなぼたもちは少しも食べず、あぶらあげばかりパクパク食べているのです。家の人たちは、なんだか変《へん》だなと思いながら、それを見ていました。

あぶらあげをおなかいっぱい食べた加茂左衛門《かもざえもん》は、「では、みなさんお休みなさい」といって、ねてしまいました。お母さんは心配になって、そっと部屋《へや》をのぞいてみました。ちょうどお月さまの光がさして、加茂左衛門《かもざえもん》の顔を明るくてらしました。それを見たお母さんは、びっくり。顔は毛だらけで、口や耳は犬みたいに大きく、目は猫《ねこ》のようにつり上がっていたのです。「キャー　お化《ば》けだ！」。そのさけび声をきいた家の人たちは、「おら、お化《ば》けなんかじゃないよー」といっている加茂左衛門《かもざえもん》をぼうでバシバシひっぱたき、家の外に追いだしてしまいました。

加茂左衛門《かもざえもん》は泣《な》きながら、とぼとぼ歩いて、信夫山《しのぶ》までやってきました。そこの黒沼《くろぬま》の水面《すいめん》に自分の顔をうつして見て、おどろきました。なんと、狐《きつね》に変身《へんしん》してしまっているではありませんか。これには、わけがありました。竹駒《たけこま》神社は竹駒稲荷《たけこまいなり》ともよばれ、そこの神さまのお使いは狐《きつね》だったのです。加茂左衛門《かもざえもん》がかってに神社から鎌田村《かまた》へ帰ってしまったので、神さまがおこって、ばつとして人間から狐《きつね》に変身《へんしん》させてしまったのでしょう。

狐《きつね》になってしまった加茂左衛門《かもざえもん》は、信夫山《しのぶ》のほら穴《あな》にすんでいるゴンボ狐《ぎつね》をたずねて、おねがいしました。「今日からおいら、すむ家もなくなってしまったよ。どうか助けておくれ、コンコンコン」。親切なゴンボ狐《ぎつね》は、その日から、加茂左衛門狐《かもざえもんぎつね》をほら穴《あな》に、とめてあげることにしました。ゴンボ狐《ぎつね》の友だちで、信夫山《しのぶ》の近くの一盃森《いっぱい》にいる長次郎狐《ちょうじろうぎつね》が、毎日のように遊びにきました。三びきの狐《きつね》はとっても、仲《なか》よしになったのです。

さて、信夫山《しのぶ》のゴンボ狐《ぎつね》は、とっても人間をだますのがとくいでした。木の葉《は》っぱを頭にのせて、くるりんポン。お坊《ぼう》さんのすがたに化《ば》けて、福島《ふくしま》の町のお店へ魚を買いにいきました。狐《きつね》はお魚も大すきなのです。「おれは、信夫山《しのぶやま》のお寺の坊《ぼう》さまだ。しおジャケ（鮭《さけ》という魚をしおでつけたもの）を三びき、もらおうか」といって、お金《かね》をだしました。魚屋さんはふしぎに思って、「しおジャケかい？」とたずねました。むかしはお坊《ぼう》さんが、魚や肉を食べてはいけなかったのです。「なぁーに、近所の家へおいわいにもっていくのさ、ゴホン」とお坊《ぼう》さんはすまして答え、三びきのしおジャケをかたにかついで、さっさと帰ってしまいました。

後《あと》で魚屋さんが、お坊《ぼう》さんからもらったお金《かね》をよく見たら、それは全部、木の葉《は》っぱだったので、がっくり。「うわぁー、またゴンボ狐《ぎつね》にだまされた」と、くやしがったそうです。もちろん、そのしおジャケは、ゴンボ狐《ぎつね》と加《か》茂左衛門狐《もざえもんぎつね》と長次郎狐《ちょうじろうぎつね》が、一ぴきずつ仲《なか》よく、ムシャムシャ食べてしまったのですね。

加茂左衛門狐《かもざえもんぎつね》は、「こんどは、おいらが魚をもってくるよ」といって、でかけました。加茂左衛門狐《かもざえもんぎつね》は魚つりが上手《じょうず》なので、たくさん魚をとってきます。信夫山《しのぶやま》生まれのゴンボ狐《ぎつね》は、川で魚つりをしたことがないので、どうすれば魚がつかまえられるのか知りませんでした。「どうしたら、そんなにたくさんお魚がとれるんだい？」ときいてみました。加茂左衛門《かもざえもん》狐《ぎつね》は、人間から狐《きつね》になったばかりなので、ゴンボ狐《ぎつね》のようにうまく化《ば》けられません。ゴンボ狐《ぎつね》にいつもばかにされて、くやしがっていました。そこで、仕返《しかえ》しに、ゴンボ狐《ぎつね》をだますことを考えついたのです。

「ゴンボ君にはいつもお世話になっているから、とく別《べつ》に魚のつり方を教えてあげよう。ひみつだよ。寒い夜に黒沼《くろぬま》へ行って、しっぽを水の中へいれておくんだ。そうすると、魚がわんさか、つれるのさ。かんたん、かんたん」

加茂左衛門狐《かもざえもんぎつね》の話をしんじたゴンボ狐《ぎつね》は、さっそく信夫《しのぶ》山の黒沼《くろぬま》へでかけました。寒い日だったので、沼《ぬま》にはガラスみたいな氷がはっていました。そこへ穴《あな》を開けて、毛のふさふさした大きなしっぽをいれたのです。水の中はとってもつめたかったのですが、長い間いれておくと、魚がいっぱいつれると加茂左衛門狐《かもざえもんぎつね》に教えられたので、がまんしていました。ちょっと、しっぽを引っぱってみると、重たくなっています。ようし、この調子《ちょうし》だと、ゴンボ狐《ぎつね》は朝になるまで、がんばっていたのです。

もういいだろうと、しっぽを引っぱってみたら、ぜんぜんぬけません。しっぽが氷で、かたまってしまったのです。「しまった、加茂左衛門《かもざえもん》にだまされたぁー」とゴンボ狐《ぎつね》は気づきました。「ぬけらばぬけろ　御山《おやま》のゴンボ」とさけびながら、力いっぱいしっぽを引っぱりました。そうしたら、

あらあら大変《たいへん》、あら大変《たいへん》、しっぽがブツーンと切れてしまったのです。その時から、信夫《しのぶ》地方ではしっぽの短い犬をゴンボ犬、猫《ねこ》をゴンボ猫《ねこ》とよぶようになりました。

大切な魔法《まほう》のしっぽをなくしたゴンボ狐《ぎつね》は、人間に化《ば》けることが、できなくなってしまいました。ゴンボ狐《ぎつね》はかんかんにおこって、ほら穴《あな》から加《か》茂左衛門狐《もざえもんぎつね》を「とっとと、でていけぇー」と追いだしました。加茂左衛門《かもざえもん》狐《ぎつね》はしかたがないので、鎌田《かまた》村へ帰りました。でも、前のように自分の家にはもどれないので、石ケ森《いしがもり》のほら穴《あな》にすむことにしたのです。

しっぽをうしなったゴンボ狐《ぎつね》は、すっかり元気がなくなってしまいました。しかし、お寺のお坊《ぼう》さんにはげまされ、これからは、いたずらや悪いことをするのをきっぱりやめて、世の中の役に立つ狐《きつね》になろうと決心しました。

そのころ、信夫《しのぶ》地方では養蚕《ようさん》がさかんでした。養蚕《ようさん》というのは、蚕《かいこ》という虫を育てて繭《まゆ》(蚕《かいこ》が作りだす、白くてたまごみたいな形の玉)をとり、それを使って絹糸《きぬいと》を作る仕事のことです。でも、ねずみが蚕《かいこ》を食べてしまうので、みんなこまっていました。「よーし、おいらが猫《ねこ》のかわりになって、その悪いねずみたちを、追っぱらってやろう、コンコーン」とゴンボ狐《ぎつね》は決めました。それから毎日、猫《ねこ》のようにねずみを追っかけて、かたっぱしから、やっつけてしまいました。人びとは「ゴンボ狐《ぎつね》は、猫《ねこ》のかわりに蚕《かいこ》を守《まも》ってくれる、ありがたい神さまみたいだ」と大よろこび。

とうとう、ゴンボ狐《ぎつね》は信夫《しのぶ》山にある西坂稲荷《にしざかいなり》の、「ねこ稲荷《いなり》」ということにされてしまいました。「ねこ稲荷《いなり》」という名前ですが、本当はゴンボ狐《ぎつね》のことなのですね。現在《げんざい》では、にゃんこが大すきな人たちがたくさん、猫《ねこ》の幸せをねがって、おまいりしています。

加茂左衛門狐《かもざえもんぎつね》もゴンボ狐《ぎつね》が、がんばっている話をきいて、「おいらも、こうしちゃいられない。村の人たちを助ける狐《きつね》になろう」と思いました。やがて、鎌田《かまた》村の石ケ森稲荷《いしがもりいなり》神社で神さまのお使いになり、村の人びとがこまらないように見守《まも》る、りっぱな狐《きつね》になったということです。

一盃森《いっぱいもり》は信夫《しのぶ》山の西がわにある、小さな山みたいな森です。森合《もりあい》小学校が近くにあります。そこにすんでいた長次郎狐《ちょうじろうぎつね》は、いたずらばかりするので、みんなにきらわれていました。村の若者《わかもの》の頭の毛を引っぱって、食べてしまったりするのです。若者《わかもの》たちはみんな、頭がつるつるになってしまいました。まだ、頭の毛がある若者《わかもの》が、「おいらは、長次郎狐《ちょうじろうぎつね》のせいで、頭がつるつるなんかにはならないぞ。悪いあいつをつかまえて、とっちめてやろう」と考えました。夜に、一盃森《いっぱいもり》の木のかげにかくれて待っていたのですが、なんだかねむくなってきました。そこへようやく、長次郎狐《ちょうじろうぎつね》がしっぽをふりふり、やってきました。

長次郎狐《ちょうじろうぎつね》は、道に落ちていた馬のわらじ（わらで作ったくつ）をひろって、ペッペッとつばをかけ、手でたたきました。そうしたら、あらあらふしぎ、美しい花嫁《よめ》のすがたになったのです。また同じことをすると、子守娘《こもりむすめ》やかわいい赤ちゃんになりました。その花嫁《よめ》さんは赤ちゃんをおんぶすると、子守娘《こもりむすめ》をつれて森合《もりあい》のお大尽《だいじん》（お金《かね》もちのこと）のやしきへ入っていきました。

お大尽《だいじん》の家では、お嫁《よめ》に行った娘《むすめ》が、孫《まご》の赤ちゃんをおんぶして、ひさしぶりに帰ってきたので、大よろこびです。ごちそうを作ってみんなで楽しく食べているところへ、さきほどの若者《わかもの》がとびこんできて、さけびました。「その娘《むすめ》も孫《まご》も、みんな狐《きつね》だぁー！　おいら、化《ば》けっとこ見たんだ。だまされるな！」。はじめは、お大尽《だいじん》も本気にしませんでしたが、若者《わかもの》が何回も大声でいうので、なんだか心配になってきたのです。

娘《むすめ》たちを部屋《へや》にとじこめ、木をもやしてけむりをモクモク、その中へいれました。こうすると、狐《きつね》が化《ば》けて人間になっているのかどうか、わかるのです。しばらくして、部屋《へや》に入ってみて、びっくり。娘《むすめ》たちや赤ちゃんは、けむりにまかれて死んでしまっていました。お大尽《だいじん》は気がくるったようにおこって、「娘《むすめ》やかわいい孫《まご》を、けむりで苦しませて、ころしてしまった。もとどおり、生かして返《かえ》せ！」と若者《わかもの》につめよりました。

若者《わかもの》はこまってしまって、何回もあやまりましたが、お大尽《だいじん》は「娘《むすめ》と孫《まご》を返《かえ》せ！」とさけぶばかり。ちょうど、家の前をとおりかかったお坊《ぼう》さんが、その話をきき、「仏《ほとけ》さまにおねがいして、しっぽいをお大尽《だいじん》にゆるしてもらうためには、頭の毛をそって、お坊《ぼう》さんになるしかないよ。コンコン」といいました。その若者《わかもの》もとうとう、頭をつるつるにされてしまったのです。

若者《わかもの》は何がなんだか、わかりませんでした。実は、一盃森《いっぱいもり》で花嫁《よめ》たちと出会った場面から、お大尽《だいじん》が「娘《むすめ》と孫《まご》を返《かえ》せ！」とさけぶところまで全部、長次郎狐《ちょうじろうぎつね》が悪さをして、若者《わかもの》に夢《ゆめ》を見させたのです。長次郎狐《ちょうじろうぎつね》は魔法《まほう》が使える、すごい狐《きつね》だったのですね。「コンコン」としゃべる変《へん》なお坊《ぼう》さんも、長次郎狐《ちょうじろうぎつね》が化《ば》けていたのです。だから、娘《むすめ》さんや赤ちゃんたちは、本当に死んでしまったわけではないので、安心してくださいね。

長次郎狐《ちょうじろうぎつね》は「ゴホン、どんなもんだい。おいらにかかったら、みんな頭がつるつるになるんだ」と大いばりでした。でも、そんなじまん話をきいてくれる、友だちのゴンボ君も加茂左衛門君《かもざえもん》も、信夫山《しのぶ》のほら穴《あな》に、もういなくなってしまいました。それぞれ、西坂稲荷《にしざかいなり》（ねこ稲荷《いなり》）、石ケ森稲荷《いしがもりいなり》にこもってしまったからです。さみしくなった長次郎狐《ちょうじろうぎつね》は、信夫《しのぶ》山へ登ってみました。ちょうど、季節《きせつ》は春。たくさんの桜《さくら》の花びらが、風にふかれて、ひらひらと舞《ま》っていました。

その後、長次郎狐《ちょうじろうぎつね》はいたずらをすっかりやめ、一盃《いっぱい》森の長次郎稲荷《ちょうじろういなり》として、まつられるようになったということです。

ちょっと長かったけれど、これで信夫《しのぶ》の三狐《さんぎつね》のお話は終わりです。みなさんは、狐《きつね》がくるりんポンで化《ば》けるなんて、うそっぱちだと思うかもしれませんね。でも、電気やコンピュータなどがなかったむかしには、本当にこんなふしぎなことがあると、みんなしんじていたのです。いえいえ、本当にあったのかもしれませんよ。

こんど、神社や森へ行ったら、ゴンボ狐《ぎつね》たちのことを思いだしてくださいね。コンコン。

ふしぎな信《し》夫《のぶ》山

──福《ふく》島《しま》市

福島盆地《ふくしまぼんち》（まわりを山にかこまれた平野《へいや》）のまん中に、ぽっかりと海にうかぶみどりの島みたいなのが、信夫山《しのぶやま》です。みなさんは、お花見やハイキングなどで、行ったことがあるでしょう。そしてなんと、信夫山《しのぶやま》は本当に、海の中の島だったことがあるのだそうです。

むかし、福島盆地《ふくしまぼんち》は大きなどろ海で、そのどろ海のまん中にうかぶ島が信夫山《しのぶやま》でした。山の上には羽黒権現《はぐろごんげん》という神さまがおいでになって、人びとはこの神さまへおまいりする時は、小さな舟《ふね》に乗って、どろ海をわたっていきました。福島《ふくしま》市の西の方に、土船《つちふね》という地名があります。ここは、その小さな舟《ふね》（船《ふね》）がつく場所だったので「つき船《ふね》」といいました。それがいつのまにか、土船《つちふね》に変《か》わったのですね。

舟《ふね》をもっていない人は信夫山《しのぶやま》まで行けないので、遠くの方から神さまを伏《ふ》しおがみ（地面に手をつけ、頭を下げておがむこと）ました。その場所が、現在《げんざい》の福島《ふくしま》市伏拝《ふしおがみ》という地名になったと、伝《つた》えられています。

黒岩村《くろいわ》（現在《げんざい》の福島《ふくしま》市黒岩《くろいわ》）の山の上からは、どろ海が見わたせました。その山の上には、とても大きなへびがすんでいたのです。ある時、どろ海にすんでいた大水熊《おおみずくま》という、なぞの大きな生き物とそのへびが、「このどろ海は、おれさまのものだ」とけんかをはじめました。どろ海の中で、けとばしたり、ぶん投げたり、大あばれ。どろんこになってたたかいましたが、とうとうへびが負けてしまい、にげだしました。その時に、へびの長くて太いしっぽが、大きな岩《いわ》をボカーンとはねとばしてしまったのです。

そのすきまから、どろ海の水がどんどんもれ、太平洋の方に流れていって、なくなってしまったので、福島盆地《ふくしまぼんち》ができたのです。けんかに勝った大水熊《おおみずくま》も、水といっしょに太平洋へ流されて、いなくなりました。でも、しばらくの間、のこった水がなかなかかわかず、福島盆地《ふくしまぼんち》はじめじめした土地でした。篠《しの》という名の草が、ぼうぼうとはえていたので、篠生《しのふ》となり、やがて、福島盆地《ふくしまぼんち》のあたりは信夫《しのぶ》という地名になったのだそうです。アイヌ人（日本の北の方にすんでいた人たち）のシヌプという言葉から信夫《しのぶ》となったという話もあります。アイヌの言葉で「シ」は大きいという意味、「ヌプ」は平原という意味なので、シヌプとは福島盆地《ふくしまぼんち》みたいな、広い平野ということになります。

信夫《しのぶ》という地名の平野のまん中にある山なので、信夫《しのぶ》山になったのですね。地名のでき方には、いろいろとおもしろい話があります。みなさんがすんでいるところの地名についても、調べてみてくださいね。

どろ海にすんでいたのは大水熊《おおみずくま》ではなくて、大きなへびだったという話もあります。そのへびが悪いことばかりするので、みんなこまっていました。遠くからやってきたヤマトタケルノミコトという名の、えらくて強い男の人が、その話をきいて、「よし、そのへびを退治《たいじ》（やっつけること）してやろう」といいました。ところが、大きなへびは用心して、なかなかどろ海からでてきません。そこで、ヤマトタケルノミコトは、三十三人の女の人たちといっしょに舟《ふね》に乗り、どろ海へでていきました。女の人たちが舟《ふね》の上で、笛やたいこのにぎやかな音楽を演奏《えんそう》すると、へびは何だろうと思って海から、すがたをあらわしたのです。ヤマトタケルノミコトは大きなへびとはげしくたたかい、とうとう勝ちました。負けたへびがにげだしたところから、どろ海の水が流れだして福島盆地《ふくしまぼんち》ができたのです。そして、にげだした跡《あと》が長くすじになってへこんでしまい、阿武隈《あぶくま》川になったのだそうです。

ところで、人間がまだいなかった大むかしのことですが、信夫盆地《しのぶぼんち》が海の底《そこ》だったというのは、科学的《かがくてき》にも正しいのです。そのしょうこに、信夫《しのぶ》山のあたりからは、魚や貝の化石がでてきます。その海の底《そこ》がだんだん高くなって陸《りく》となり、日本列島ができたのです。

こんな話もありますよ。むかし、大徳坊《だいとくぼう》という、とてつもなく大きなからだのお坊《ぼう》さんがいました。背《せ》が雲までとどくように高く、すごい力もちでした。ある日、大徳坊《だいとくぼう》はたくさんの土を背中《せなか》にしょって、ドスーン、ドスーンと福島盆地《ふくしまぼんち》へやってきました。そして、「あらっ、よー」とその土を、ぶん投げたのです。それが信夫《しのぶ》山になりました。のこった土を、トントンと落としたのが、一盃森《いっぱいもり》になりました。おなかがすいた大徳坊《だいとくぼう》は、お昼《ひる》ごはんに、でっかいおにぎりを食べました。お米の中に石ころが入っていたので、それをつまんで、ポイとすてたのが、石ケ森《いしがもり》になりました。この本の「ゴンボ狐《ぎつね》とその仲間《なかま》たち」のところでお話しした、三びきの狐《きつね》たちがいた場所は、こうしてできたのだそうです。

信夫《しのぶ》山には、猫稲荷《ねこいなり》がありますが、犬についてのお話もあるのですよ。

信夫《しのぶ》山の第一展望《てんぼう》台のところに、五つの石がならんでいます。むかし、

お母さんがそのあたりに、ひとりですんでいました。お母さんの息子《むすこ》は、信夫《しのぶ》山の森の中で、お坊《ぼう》さんになるためのきびしい修行《しゅぎょう》（からだをきたえ、勉強すること）に、はげんでいたのです。修行《しゅぎょう》が終わって、息子《むすこ》がりっぱなお坊《ぼう》さんになって帰ってくるのを、お母さんは畑仕事をしながら、ひたすら待っていました。

でも、なかなか帰ってきません。お母さんは年をとって、とうとうおばあさんになってしまいました。おばあさんは、白くてかわいい犬を五ひきもかっていました。犬たちはいつも、おばあさんといっしょに、信夫《しのぶ》山をあちこちさんぽしました。雨のふった日は、家の中でじゃれあって、楽しく遊びました。おばあさんが、朝ねぼうした時は、犬たちがワンワン、キャンキャンほえて、おこしてあげました。

ある朝、犬たちがいくらほえても、おばあさんはふとんからおきてきませんでした。息子《むすこ》が帰ってくる日を待ちつづけて、とうとう死んでしまったのです。五ひきの犬は、悲しくなって、七日七晩《ばん》の間、ワォーンワォーンと泣《な》きつづけました。そして、ついに石になってしまいました。その石のあたりには、色とりどりの花が美しくさき、むかしはおばあさんの花畑とよばれていたんだそうです。

第一展望台《てんぼう》へ行ったら、五つの石をさがしてみてください。あの石は、白い犬たちだったのですね。

信夫《しのぶ》山のふもとにある福島県立図書館《ふくしまけんりつとしょかん》にも、大きな石があります。絵本や童話の本などがおいてある「こどものへや」の、後ろの庭のところにあるので、こんど福島県立図書館《ふくしまとしょかん》へ行った時に、ぜひ見学してください。あの大きな石は、信夫《しのぶ》山の上の方からガラガラ、ドスーンと、ころがり落ちてきたのです。近所の人たちは、信夫《しのぶ》山のありがたい石なので、「お岩《いわ》さん」とよんで、大切にしています。おいのりをすると、ねがいごとがかなう、山の神さまの石とされているのですね。

このほかにも、天狗《てんぐ》の黄金《おうごん》がうまっているというテングラ石とか、そこではねるとドンドンと音がするというどんどん石とか、おもしろいお話のある石が、信夫《しのぶ》山には四十八もあります。

むかしから伝《つた》わるお話が、たくさんのこっている信夫《しのぶ》山は、とてもふしぎな森なのです。

湖のたたかい

――福島《ふくしま》市信夫山《しのぶやま》・松川町《まつかわまち》浅川《あさかわ》・金沢《かなざわ》

むかしむかし、信夫《しのぶ》の里は大きな湖だったといわれています。いちめんによどんだ水がただよう中に、信夫山《しのぶやま》が島としてぽっかりとういていたのでした。

この湖には「水熊《みずくま》」とよばれるかいぶつがすんでいました。この「水熊《みずくま》」は湖の主《ぬし》でしたが、人をおそうので、大変《たいへん》におそれられていました。今も福島《ふくしま》市伏拝《ふしおがみ》の坂の上には、「拝石《おがみいし》」とよばれる岩《いわ》がのこっています。当時の岬《みさき》だったたがけの上から、人びとが無事《ぶじ》に湖をわたれるようにとおがんだのだと伝《つた》えられています。

信夫《しのぶ》の里におそろしいかいぶつがでるという話は、遠くはなれた都《みやこ》にも伝《つた》わり、帝《みかど》の耳にも入ることになりました。

「こまったことだ。信夫《しのぶ》の里には水熊《みずくま》というかいぶつがでて、人びとを苦しめているそうだ」

帝《みかど》が頭をいためていると、皇子《おうじ》のひとりが進みでました。

「わたしが信夫《しのぶ》の里まで行って、その水熊《みずくま》とやらを退治《たいじ》（やっつけること）してまいりましょう」

それをきいて青くなったのが、皇子《おうじ》の母親の石姫《いしひめ》です。

「皇子《おうじ》、なんということをいいだすのです。信夫《しのぶ》の里といえば、都《みやこ》から遠くはなれた辺境《へんきょう》の地。そんな遠くの里のかいぶつ退治《たいじ》に、何も皇子《おうじ》が出向くことはないではありませんか」

「ははは、心配してくれているのですね、母上。ありがとうございます。しかし、民《たみ》の苦しみをすくうのも人の上に立つ者のつとめです。それに、自分はぶじゅつのこころえもあり、からだもきたえていますから、ご心配はいりませんよ」

よろこんだ帝《みかど》はさっそく皇子《おうじ》を信夫《しのぶ》の里につかわすことにしました。おともの者を大ぜいつれて、皇子《おうじ》はいさんで出発しました。そのすがたが見えなくなってからも、石姫《いしひめ》はいつまでもいつまでも見送っていました。

皇子《おうじ》は野をこえ山をこえ、舟《ふね》に乗り馬に乗りしながら、長い長い旅《たび》をして、ようやく信夫《しのぶ》の里にたどりつくことができました。

「やっと信夫《しのぶ》の里についた。それにしても大きな湖だなあ」

皇子《おうじ》は一息《ひといき》つくと、村人を集めて水熊《みずくま》についての話をききはじめました。

「へえ、頭は丸いような形で、目はぎょろぎょろと満月《まんげつ》のようにまん丸なのです」

「全身毛むくじゃらなのですが、ぬれるとぺったりとしていまして、つるつると光っています。泳ぎはひどくたっしゃで、目にもとまらぬはやさでうんと深《ふか》くまでもぐってしまいます」

「両手でえものをつかんで、バリバリとかじって食べてしまいます。馬でも牛でも、骨《ほね》までのこさずぺろりと食べてしまいますで。へえ」

「うーむ。ずいぶんとおそろしいかいぶつなんだなあ。しかし、どうにも話がわかりづらい。相手の正体がわからないのでは、退治《たいじ》のしようがないな。こまった」

とほうにくれた皇子《おうじ》は、おともの者を集めて知恵《ちえ》をだしあうことにしました。

「水熊《みずくま》はずいぶんと泳ぎがたっしゃなようです。水場でたたかっては、勝ち目がありません。土木工事をして、阿武隈《あぶくま》川に流れる水をふやしてみてはどうでしょう。湖がひ上《あ》がれば、水熊《みずくま》もすがたをあらわさざるをえませんし、にげる深《ふか》みもなくなります。ひ上《あ》がった後《あと》の土地は、信夫《しのぶ》の里にすむ村人たちに分けあたえてしまえばいいのです。田畑にしてよい土地がもらえるとなれば、村人たちも進んで工事に協力《きょうりょく》するにちがいありません」

知恵《ちえ》のある部下の言葉にひざをたたいた皇子《おうじ》は、すぐさま村人を集めて計画を話しました。

「かいぶつを退治《たいじ》していただいた上に田畑までいただけるとは、なんとすばらしい計画でしょう。よろこんで協力《きょうりょく》します」

村人たちが総出《そうで》で工事をはじめると、話をききつけた者たちが遠方からも集まりだし、工事はあっという間にかんせいしました。

「それ！　水をぬけ！」

皇子《おうじ》の号令《ごうれい》で、ドッと水があふれだし、阿武隈川《あぶくまがわ》に流れていきました。

すると、しだいしだいに、湖の底《そこ》のどろがあらわれました。水草やコケのわだかまりからなまぐさいにおいがただよってきます。すると、ぬれた水草が、もぞもぞと動きだすではありませんか。

「あ、あれが水熊《みずくま》だ！」

村人がさけぶのと、小山のような黒いすがたがはねとんで深《ふか》みににげるのとが同時でした。

「見ましたか！　皇子《おうじ》！」

「ううむ！　見たぞ！　水熊《みずくま》の正体は、きょ大《だい》なカワウソだったのか！」

正体さえわかってしまえば、おそれることはありません。湖はどんどんひ上《あ》がっていきます。のこり少なくなった水の中に、水熊《みずくま》がひそんでいられるのも、後《あと》わずか。皇子《おうじ》は人びとに水をとりかこませて、昼《ひる》も夜も見はらせることにしました。

はじめは何百人という人数でとりかこまなければなりませんでしたが、そのうち百人でかこめるようになり……、数十人で足りるようになり……、ほとんど池のようになってきたある日の夜、とうとうこらえきれなくなったのでしょう。水熊《みずくま》がとつじょとして水面《すいめん》におどりでました。

「ようし。だいぶ水熊《みずくま》も弱っているはずだ。わたしが直《じか》に相手をしてやろう」

皇子《おうじ》は長いやりをもって一声《ひとこえ》さけぶと、きょ大《だい》な水熊《みずくま》にいどみかかりました。おとろえたりとはいえ、水熊《みずくま》もさるもの。かみつくやらひっかくやら、野生の力をはっきして、さんざんに皇子《おうじ》を苦しめましたが、おともの者たちのかせいもあり、とうとうかん高いさけび声を上げたかと思うと、どうっとどろの中にたおれこみ、それきり動かなくなりました。

わーっとかん声を上げて、村人たちは水熊《みずくま》のむくろ（死体のこと）のもとに走りより、だきあってよろこびましたが、どうしたことでしょう。や

み夜にまぎれて皇子《おうじ》のすがたが見当たりません。村人たちはたいまつをかかげてさがし回りましたが、皇子《おうじ》はかげも形もなく消えてしまっていたのでした。

よろこびと悲しみのいりまじる中、おともの者たちは、皇子《おうじ》の計画どおり土地は村人にあたえるものとし、都《みやこ》へとあわただしく立ち去っていきました。のこされた村人は、てきながらあっぱれなたたかいぶりということで、もともと湖の主《ぬし》でもあった水熊《みずくま》を「黒沼大神《くろぬま》」として神社にまつることにしました。また、たたかいのさなかにゆくえ不明《ふめい》になった皇子《おうじ》のことは、どうしよう、まだ生きていらっしゃるかもしれないが、信夫《しのぶ》の里に貢《こう》献《けん》してくれたえいゆうだから……、などといいながら、あわせて神社にまつることとしたのです。

帝《みかど》の前でまっ赤になっておこったのは石姫《いしひめ》です。

「だからいったではありませんか。大切な皇子《おうじ》を、いなかのかいぶつのぎせいにしてしまうだなんて」

帝《みかど》がどんなになぐさめても、石姫《いしひめ》のなげきはおさまりません。

「わたしが心配していたとおりになったではありませんか！　皇子《おうじ》がゆくえ不明《ふめい》になるなんて、とんでもないことです！」

かんかんになった石姫《いしひめ》は、まわりの人びとがなだめるのもきかず、自《みず》ら信夫の里に出向いて皇子をさがすのだといってききません。根負けした帝は皇子《おうじ》の部下をおともにつけて、石姫《いしひめ》が信夫《しのぶ》の里に向かうことをゆるしました。

石姫《いしひめ》はよろこびいさんで都《みやこ》をでましたが、当時の旅《たび》はひじょうにつらく、命がけのものでした。何度もくじけそうになりながら、気力だけで道なき道を進み、皇子《おうじ》の何倍もの時間をかけて歩みを進めました。しかし、信夫《しのぶ》の里につくころには、石姫《いしひめ》はすっかりつかれはてていました。

村人たちはボロボロの石姫《いしひめ》を見ておどろきましたが、鬼気《きき》せまる様子《ようす》の石姫《いしひめ》を皇子《おうじ》をまつる神社にあんないしました。

「皇子《おうじ》がゆくえ不明《ふめい》になったことはもうしわけないことです。しかし皇子《おうじ》のごかつやくのおかげで信夫《しのぶ》の里は作物のおいしげる実りゆたかな土地に変《か》わりました。まったく皇子《おうじ》さまのおかげです。はい」

村長《むらおさ》の語る言葉も、石姫《いしひめ》の耳にはとどいているのでしょうか。旅《たび》にやつれたすがたで石姫《いしひめ》は皇子《おうじ》をまつる神社の境内《けいだい》にいつまでも泣《な》きくずれているのでした。

おともの者たちは石姫《いしひめ》の気もちを考えるとかける言葉もありません。

そっとしておくのがよいだろう、と、その場をはなれ、村人と今後のことなどを話しあっておりました。

「た、大変《たいへん》だ、大変《たいへん》だー。人が、沼《ぬま》にとびこんだぞーう」

村人のひとりが大声でふれまわりながら走る声がきこえてきました。わっとはねるようにしてかけつけましたが、沼《ぬま》には丸いはもんが立つばかり。岸辺《きしべ》に石姫《いしひめ》のはきものがならんでいたことから、一同は無言《むごん》ですべてをさとったのでした。

村人たちは石姫《いしひめ》をあわれんで、皇子《おうじ》とならべて神社にまつることにしました。

今でも福島《ふくしま》市信夫《しのぶ》山・松川《まつかわ》町浅川《あさかわ》・金沢《かなざわ》の黒沼《くろぬま》神社では、黒沼《くろぬま》大神とともに、皇子《おうじ》と石姫《いしひめ》をまつっています。

弁《べん》天《てん》山の安《あん》寿《じゅ》と厨《ず》子《し》王

——福《ふく》島《しま》市

弁天《べんてん》山は、福島《ふくしま》市の南にある高さの低《ひく》い山です。どうして弁天《べんてん》山という名前になったかというと、むかし、この山の上に弁財天《べんざいてん》という女の神さま（弁天《べんてん》さまともいいます）のお堂《どう》があったからなのです。弁天《べんてん》山の近くを阿《あ》武隈《ぶくま》川が流れており、お堂《どう》からはその水の流れを見わたすことができました。阿《あ》武《ぶ》隈《くま》川はむかし、お米をのせた舟《ふね》がたくさん、とおっていました。それらの舟《ふね》が、川の中の石にぶつかって、ひっくり返《かえ》ったりしないように、山の上から守《まも》ってくれる、ありがたい神さまが弁財天《べんざいてん》だったのです。

現在《げんざい》、この弁財天《べんざいてん》は弁天《べんてん》山からうつされて、上名倉《かみなぐら》の長松寺《ちょうしょうじ》というお寺にあります。

弁天《べんてん》山は椿館《つばきだて》とも、よばれていました。山にはお城《しろ》があって、その名が椿館《つばきだて》だったからです。お城《しろ》といっても、たたかいにそなえて、石をつみ上げたかこいはありましたが、広いおやしきみたいなところだったと思ってください。椿館《つばきだて》には安寿《あんじゅ》というお姫《ひめ》さまと、弟の厨子《ずし》王という元気な男の子が、お母さんたちといっしょにすんでいました。

　安寿《あんじゅ》と厨子《ずし》王は、弁天《べんてん》山で小さい時からずっと、仲《なか》よく遊んでいました。山にさいている、色とりどりのきれいな花をつんだり、森のみどりの中で、かくれんぼしたり、山ばとのなき声をホォーホォーと、まねしたりしました。すみれの花がすきなお姉さんの安寿《あんじゅ》は、とてもやさしくて、弟の厨子《ずし》王をいつもかわいがっていたのです。

　椿館《つばきだて》のお殿《との》さまは、安寿《あんじゅ》と厨子《ずし》王のお父さんだった岩城判官政氏《いわきほうがんまさうじ》という人でした。でも、悪い家来《けらい》のせいでつみをきせられ、遠くの筑紫《つくし》の国（現《げん》在《ざい》の九州《きゅうしゅう》の福岡《ふくおか》県）というところへ、つれられていってしまったのです。お母さんは京都《きょうと》の朝廷《ちょうてい》（むかしの政府《せいふ》）まで行って、お父さんの無実《むじつ》のつみをゆるしていただき、筑紫《つくし》の国へお父さんをむかえに行こうと決心しました。

　お天気のよいある日、お母さんは安寿《あんじゅ》と厨子《ずし》王、それに乳母《うば》をつれて、椿館《つばきだて》から長い旅《たび》に出発しました。乳母《うば》とは、赤ちゃんにお乳《ちち》をあげたり、子どもを育てる手伝《てつだ》いをする女の人のことです。

　弁天《べんてん》山の急な坂道で安寿《あんじゅ》は、つつじの木の根っこにつまづいて、足のつめをはがしてしまい、つつじの花のような赤い血が、たくさん流れました。

いたいのをじっとがまんして歩いている安寿《あんじゅ》を見たお母さんは、「この山に、やさしい心があるのならば、つつじの花は、これからさかないように」といいました。その時から、信夫《しのぶ》の細道《ほそみち》（弁天《べんてん》山あたりの山道）には、つつじの花がさかなくなったと伝《つた》えられています。

それから、近くにある大蔵寺《だいぞうじ》というお寺によって、無事《ぶじ》に京都《きょうと》まで行けるよう、みんなでおいのりしました。ここには、手がたくさんある千手観音《せんじゅかんのん》という、木で作ったありがたい仏《ほとけ》さまがあるのです。そのお寺からまた、何十日も歩きつづけて、四人は越後《えちご》（現在《げんざい》の新潟《にいがた》県）の直江津《なおえつ》というところへ、ようやくたどりつきました。ここから舟《ふね》に乗って、日本海をわたり、京都《きょうと》の方へ向かうことにしました。しかし、悪い男たちにだまされて、お母さんと乳母《うば》、安寿《あんじゅ》と厨子《ずし》王は別々《べつべつ》の舟《ふね》に乗せられ、はなればなれになってしまったのです。

安寿《あんじゅ》と厨子《ずし》王は、丹後《たんご》（現在《げんざい》の京都府《きょうとふ》）の由良《ゆら》にすんでいた山椒大夫《さんしょうだゆう》という、大金《おおがね》もちのこわい男のところへ、つれていかれました。安寿《あんじゅ》は海辺《うみべ》で、厨子《ずし》王は山で毎日、朝から晩《ばん》まで、はたらかせられました。お姉さんの安寿《あんじゅ》は、このままではお父さんのところへ行くことはできないし、お母さんにも会えないと考えました。なんとか、弟の厨子《ずし》王を山椒《さんしょう》大夫《だゆう》のところから、お寺へにがすことができた安寿《あんじゅ》は、沼《ぬま》に身を投げて死んでしまいました。いつしか、その沼《ぬま》のほとりには、安寿《あんじゅ》のすきだった、すみれの花がいっぱいさくようになったということです。

厨子《ずし》王はお寺のお坊《ぼう》さんのおかげで、京《きょう》の都《みやこ》（現在《げんざい》の京都《きょうと》市）へ行き、国司《こくし》という身分の高い人になり、名前も正道《まさみち》と変《か》えました。厨子《ずし》王は、やさしかったお姉さんの安寿《あんじゅ》のために、すみれのさいている沼《ぬま》のそばに、お寺をたてました。

筑紫《つくし》の国にいるお父さんは、すでに亡《な》くなってしまっていました。厨子《ずし》王はとても、悲しみました。悪い男たちにどこかへ、つれさられてしまったお母さんだけは、ぜったいにさがしだそうと厨子《ずし》王は、佐渡島《さどがしま》（新潟《にいがた》県の海にある島）へと、はるばるやってきたのです。

なかなか、お母さんは見つかりません。厨子《ずし》王が、がっかりして村の道をとぼとぼと歩いていると、目の見えないおばあさんが農家の庭にすわり、ぼうをたたいて音をたて、すずめをおっぱらっていました。庭にほしてある、あわ（お米みたいなもの）をすずめが食べてしまうのです。ぼうをたたきながら、おばあさんは、こんな歌をゆっくりと歌っているのがきこえてきました。

安寿恋《あんじゅこい》しや、ほうやれほ

厨子《ずし》王恋《こい》しや、ほうやれほ

それはなんと、なつかしいお母さんの声だったのです。厨子《ずし》王はすぐにかけよって、お母さんをしっかりとだきしめました。年をとって、すっかりおばあさんになってしまったお母さんを、厨子《ずし》王は京《きょう》の都《みやこ》の自分のりっぱなおやしきへ、つれて帰りました。それからは、お母さんを大切にして、仲《なか》よくくらしたということです。

安寿《あんじゅ》と厨子《ずし》王についての伝説《でんせつ》は、福島《ふくしま》県内だけでなく、全国各地《かくち》にたくさんあり、それぞれにストーリーがちがっています。福島《ふくしま》市の弁天《べんてん》山の安《あん》寿《じゅ》と厨子《ずし》王についてのお話などをもとにして、森鷗外《もりおうがい》という有名な作家が、「山椒大夫《さんしょうだゆう》」という小説《しょうせつ》を書いています。みなさんにはまだ、ちょっとむずかしい本なので、高校生になったら読んでみてください。森鷗外《もりおうがい》は、福《ふく》島《しま》市の飯坂温泉《いいざかおんせん》にも来たことがあります。そこでだれかから、この弁天《べんてん》山のお話をきいたのかもしれませんね。

現在《げんざい》、弁天《べんてん》山には「安寿《あんじゅ》と厨子《ずし》王物語《ものがたり》由来《ゆらい》の地」という、石で作られた記念碑《きねんひ》が立っています。椿館《つばきだて》があったところは、展望《てんぼう》台になっていて、福島《ふくしま》の町をずっと遠くまで見わたすことができます。安寿《あんじゅ》と厨子《ずし》王たちが歩いた信夫《しのぶ》の細道《ほそみち》のさんぽコースや、ふたりが遊んだといわれる胎内《たいない》くぐりという、ふしぎな形の石ものこっています。弁天《べんてん》山から見る赤い夕やけは、とてもきれいですので、こんどぜひ、みんなでながめに行ってください。

　あっ、それから本当に、つつじの花がさいていないかどうかも、観察《かんさつ》してみてくださいね。

ひよこと白へび

――福島市春日町《ふくしまかすがまち》

白へびは泣《な》いていました。

信夫山《しのぶやま》のふもとのあたりは海のように広い湖でした。白へびはその湖の底《そこ》でゆったりとくらしていました。とてもすみごこちがよかったのです。

ところが、ある日のことです。今までたっぷりとあった湖の水が、急に少なくなりました。水はどんどんなくなっていき、とうとうただの大きな穴《あな》になってしまいました。

いったい何があったのでしょう。

しのぶ野の人たちは、このあたりでたくさんのお米や野菜《やさい》がとれるような土地をさがしていました。畑や田んぼにふさわしい土地は、なかなか見つからなかったのですが、ようやくひとりの若者《わかもの》が、湖の底《そこ》の一番あさい場所を見つけました。

「ここらがいいんじゃないか」

みんなが見てみると、なるほど底《そこ》が見えて、ちょっとほればいい田畑に

なるかもしれません。そこで川をほって、水を流してしまえ、とみんなで湖をほりはじめました。ひとすじのこの川は、やがて「はらい川」とよばれるようになりました。

水をひいたおかげで、このあたりでは、おいしいお米や野菜《やさい》がたくさんとれるようになりました。その反対に、大きな白へびは、水がなくなってしまったため、今までのように湖にすむことができなくなったのです。それで、白へびは泣《な》いていました。

白へびが悲しんでいるのを見て、どうしたの？　どうしたの？　とひよこたちが集まってきました。白へびはほかの動物たちにも大変《たいへん》人気があったのです。

「湖の水がなくなったので、今までのようにすめなくなったよ。そろそろ天にのぼろうと思っているんだ」

白へびはため息《いき》をつきました。

ひよこたちは、わらわらと白へびのそばに近づいて、

「白へびさん、天に行ってしまうの？　天ってどんなところ？」

「ぼくたちも行けるかな？　雲の上に行ってみたいな」

と、ぴよぴよさわいでいます。

白へびは、ほほえみながらひよこたちをさそいました。

「じゃあ、つれていってあげるよ。みんなで行こう」

するとひよこたちは、

「でも、なんだかこわいよ」

「ぼくたちは空をとべないもの」

「雲の上から落ちちゃうよ」

と、またさわぎます。

白へびはやさしくいいました。

「だいじょうぶ。わたしの背中《せなか》に乗ってごらん。みんな乗っても平気だよ」

そこで、ひよこたちはお行儀《ぎょうぎ》よくならんで白へびの背中《せなか》に乗りました。

するとにわかにゴロゴロと遠くから大きな雷《かみなり》の音がきこえ、まもなく雨が滝《たき》のようにふってきました。まっ黒なあつい雲がゆっくりと近づいてきます。ひよこたちを乗せた白へびは、その雲に乗ると、ゆうゆうと天へのぼっていきました。

土地の人びとが、すさまじい雷《かみなり》の音にびっくりして外にでてみると、かわいいひよこたちを乗せた白へびが雲に乗り、天にのぼっていくではありませんか。人びとは雲をゆびさし、大きな声で「なんだ、なんだ、あれはなんだ」とさけんでいます。白へびはあっというまに、天のかなたに消えてしまいました。人びとがいつまで見ていても、地上におりてくることはありませんでした。

その次の年のことです、この地方では雨が一《いっ》てきもふらなくなり、作物はかれ、田畑はあれてしまいました。日でりが何日もつづいたのです。人びとは大変《たいへん》こまりました。

「これは湖の水をかってにぬいたからだ」

「天にのぼった白へびさまがおこっているぞ」

と、うわさしましたが、どうすることもできません。

悪いことはつづくもので、その年の冬、百日ぜきが子どもたちの間で大流行しました。子どもたちはみんなセキが止まらず、夜中に大変《たいへん》苦しみました。病気《びょうき》はさらに広がりつづけました。

そこで、大人たちが集まって、

「どうしたらいいかなぁ」

と、相談しているところに、きみょうな音がきこえてきました。まるでこわれた笛の音のようです。

クックック　ヒューヒュー　クックック

「なんの音だ？」

一番の年よりが家の外へでてみると、たくさんのひよこたちがどこからともなく集まってきて、鳴いていました。

クックック　ヒューヒュー　クックック

一番の年よりは、

「この声は、百日ぜきにかかった子どもの声にそっくりだ。これは大変《たいへん》だ」

とさけびました。

「どうした、どうした」

集まってきた大人たちも、たくさんのひよこたちの鳴き声をきいて、かってなことをいいはじめました。

「ややっ！　日でりといい、悪い病気《びょうき》といい、やっぱりこれは白へびさまをおこらせたからだ」

「早くなんとかしないと、もっと悪いことがおこるぞ」

みんなにどうする、どうするときかれた一番の年よりは、きっぱりといいました。

「これは神社をたてておまいりするしかない」

さっそく、大人たちは春日《かすが》町に神社をたてました。水雲《すいうん》神社です。でき上がると、ものすごい雷雨《らいう》がおこりました。大人たちは、ふるえ上がりながら目をつぶり、手をあわせました。一番の年よりがうす目を開けて見ていると、天からあの大きな白へびがおりてきました。

「来た！　白へびさまだ」

一番の年よりは心の中でさけびました。

大人たちの目の前で、白へびは、集まっていたたくさんのひよこたちを背中《せなか》に乗せ、ふたたび天へのぼっていったのです。

するとふしぎなことに、日でりはなくなり、あれた田畑に水がもどってきたのです。前よりもおいしいお米や野菜《やさい》が、たくさんとれるようになりました。何よりも、あんなにひどかった子どもたちの百日ぜきが、たちまちなおってしまったそうです。

水とニワトリは、なんだかかんけいがないようですが、もともと水雲《すいうん》神社は、鶏権現《にわとりごんげん》といいます。

水の神さまをミワタリ（水わたり）といい、ミワタリがいつのまにかニワタリになり、ニワトリになったのだろう、とも伝《つた》わっているのです。神社の絵馬《えま》(ねがいごとを書いた五角形の木のおふだ)に、水をかけてそれを神社におさめると風邪《かぜ》がなおるといわれています。

また、ニワトリは、「使鳥《つかいどり》」といって、邪悪《じゃあく》な霊《れい》が外から入ってくるのをふせぐ門番の役目をもっていたようです。ニワトリを箱にいれ、いけにえとして水の中に沈《しず》めて、これを水の神さまとしてまつった話ものこっています。

かわいいひよこたちも、やがてはりっぱな神さまになるのかもしれませんね。

海に沈《しず》んだ美少年

――福島《ふくしま》市太平寺《たいへいじ》

今から七百年も前、鎌倉《かまくら》時代のことです。信夫《しのぶ》の里の太平寺《たいへいじ》村に、大慶《だいけい》寺《じ》というお寺がありました。

大慶寺《だいけいじ》は、もとは大変《たいへん》りっぱなお寺で、たくさんのお坊《ぼう》さんがすんでいました。しかし、時代のうつろいとともに、お坊《ぼう》さんたちがひとりへり、ふたりへりしていき、しまいにはだれもいなくなってしまいました。大きなお寺なのにあれ放題で、ねずみたちがすむくらいにしか、役に立たなかったのです。

そこへ、白菊丸《しらぎくまる》という少年が、ひとりでやってきて、すむようになりました。白菊丸《しらぎくまる》は、お坊《ぼう》さんになるための修行《しゅぎょう》（からだをきたえ、勉強すること）をしたいと思っていたので、お寺にすめることがありがたかったのです。

白菊丸《しらぎくまる》は、お寺のおそうじや手いれを、ていねいにやっていきました。するとお寺はみるみるきれいになり、ねずみたちはよそに引っこしていきました。

白菊丸《しらぎくまる》はそうじの時に、お寺の奥《おく》にしまってあった仏教《ぶっきょう》の本をたくさん見つけました。読んでみるとむずかしいのですが、今まで知らなかった世界が目の前に広がるようで、わくわくしました。白菊丸《しらぎくまる》は「しょうらい、りっぱなお坊《ぼう》さんになるぞ」という思いを強くしました。白菊丸《しらぎくまる》は、毎日一生けんめい勉強しました。

きれいになったお寺には、ふたたび人が集まるようになりました。お寺に来た人たちは、お寺がすっかり元どおりになったことにびっくりしました。しかしそれ以上《いじょう》に、白菊丸《しらぎくまる》がたいそう美しい顔立ちをしていることにおどろきました。白菊丸《しらぎくまる》は、つやつやした黒かみに、ぱっちりとした目、すきとおるような白いはだをしていたのです。

白菊丸《しらぎくまる》の美しさは、村中のひょうばんとなりました。お寺には、毎日のように、たくさんの恋文《こいぶみ》（ラブレター）がとどきました。村の年ごろの女の子はだれもが、あの美しい白菊丸《しらぎくまる》とつきあいたいと思ったのです。村の男の子たちさえも、お寺にいる白菊丸《しらぎくまる》のすがたをひとめ見ると、すきになってしまって、恋文《こいぶみ》を書いて送ったのでした。

白菊丸《しらぎくまる》は、返事をむりにおねがいされたり、情熱的《じょうねつてき》な恋文《こいぶみ》を読んでドキドキしたりして、仏教《ぶっきょう》の勉強に集中できなくなってしまいました。本当はお坊《ぼう》さんになる修行《しゅぎょう》をずっとしていたいのに……。白菊丸《しらぎくまる》はどうしていいかわからず、大変《たいへん》になやんでしまいました。

そんなある日の夕方、お寺に、ひとりのお坊《ぼう》さんがたずねてきました。鎌倉《かまくら》にある建長寺《けんちょうじ》から来たお坊《ぼう》さんで、名前を慈休蔵司《じきゅうぞうす》といいました。

「わたしは全国をめぐり、修行《しゅぎょう》をしています。今夜の宿をさがしているのですが、一晩《ひとばん》、このお寺にとめてもらえませんか？」

白菊丸《しらぎくまる》は、すまなそうに返事をしました。

「この寺は、わたしひとりしかすんでおりません。そのため、あなたのようなりっぱなお坊《ぼう》さんをおもてなしすることができないのです。ほかの宿をさがしてください」

しかし白菊丸《しらぎくまる》が何度ことわっても、慈休《じきゅう》は、

「ぜひたのみます。ほかに宿はないのです」

といって、お寺に入ってしまい、けっきょくはとまることになりました。

実は慈休《じきゅう》は、旅《たび》のとちゅうで、大慶寺《だいけいじ》の白菊丸《しらぎくまる》のうわさをきいたので、様子《ようす》をたしかめにわざわざ立ちよったのでした。

慈休《じきゅう》は、白菊丸《しらぎくまる》のとなりの部屋《へや》にあんないされました。夕食は、野菜《やさい》の

切れはしをざいりょうにしていましたが、りょうりのしかたがくふうされてたので、おいしいごちそうのようでした。

その夜、村中の人びと、かわれている牛もヤギも、みんなが、ねしずまった時のことです。慈休《じきゅう》は、何やらブツブツといったぶきみな音で、目がさめました。音は白菊丸《しらぎくまる》の部屋《へや》からきこえてきます。慈休《じきゅう》はふすま（和風のドアのこと）を、少しだけ開けて、白菊丸《しらぎくまる》の部屋《へや》をのぞいてみました。

白菊丸《しらぎくまる》の部屋《へや》には、わずかな明かりがともっています。白菊丸《しらぎくまる》は、その明かりの中で、つづら（物をしまっておくための箱がたのかご）からとりだした、たくさんの手紙を一まい一まい読んでいました。

しかしそのすがたは、いつもの美しい白菊丸《しらぎくまる》ではありません。かみはさか立って、顔は青くゆがみ、口から黒い息《いき》をだしていました。そうして、手紙をぐちゃぐちゃに引きさいて、のたうち回るすがたは、もう人間ではないようでした。慈休《じきゅう》はびっくりして声がでそうになりましたが、白菊丸《しらぎくまる》に気づかれないよう、そっとふすまをしめました。

夜が明けて、慈休《じきゅう》をおこしにきた白菊丸《しらぎくまる》は、もとの美しい少年にもどっていました。慈休《じきゅう》は、夜のふしぎなできごとについて、思い切って白菊丸《しらぎくまる》にたずねてみました。

「見てしまわれたのですか……」

白菊丸《しらぎくまる》は、うつむいていいました。

「毎日、夜になると、自分でもどうしようもなく、あのように苦しんでしまうのです」

「それは、いつごろからなのですか？」

「村の人たちから、たくさん恋文《こいぶみ》をもらうようになってからです。わたしはけんめいに仏教《ぶっきょう》の勉強をしているのだから、やめてほしいといっても、村の人たちは恋文《こいぶみ》をもっておしかけてくるのです。それで夜ごと、なやんでいたら、あんな有《あり》さまに……」

慈休《じきゅう》は、白菊丸《しらぎくまる》がかわいそうなので、なんとかしてあげたいと思いました。

「それなら、わたしによいあんがあります」

慈休《じきゅう》は、白菊丸《しらぎくまる》に、つづらの恋文《こいぶみ》をのこらずとりださせました。慈休《じきゅう》はその両手いっぱいの恋文《こいぶみ》を、庭で一気に焼《や》きはらってしまったのです。

「これで君の苦しみは少し軽くなったはずです」

慈休《じきゅう》はほほえんでいいました。

「もっと軽くなるようにお経《きょう》（仏教《ぶっきょう》の教えの文章）をひとつ教えてあげま

しょう。これを毎日、となえるのですよ」

白菊丸《しらぎくまる》は、しばしあっけにとられていましたが、「はい」と笑顔《えがお》でうなずきました。

慈休《じきゅう》はお寺を後《あと》にする時、

「わたしは、鎌倉《かまくら》の建長寺《けんちょうじ》におります。もし鎌倉《かまくら》に来ることがあったら、ぜひわたしをたずねてきてくださいね」

といいのこして去っていきました。

それ以来《いらい》、白菊丸《しらぎくまる》は慈休《じきゅう》の教えにしたがって、朝と晩《ばん》にお経《きょう》をとなえました。すると、苦しい気もちがふうっと楽になるのです。そして夜がふけても、われをわすれてしまうことなく、いつもの自分のままでいられるようになりました。白菊丸《しらぎくまる》は、うれしくてうれしくてしかたがありません。

慈休《じきゅう》が自分をすくってくれたと、心からありがたく思いました。

白菊丸《しらぎくまる》は、かねてからりっぱなお坊《ぼう》さんになりたいとねがってきましたが、そのりっぱなお坊《ぼう》さんとは「まさに慈休《じきゅう》さまのことだ」と思いました。

そこで、鎌倉《かまくら》の建長寺《けんちょうじ》に行って、慈休《じきゅう》の弟子《でし》にしてもらおうと決心しました。

鎌倉《かまくら》までの道のりは、想像《そうぞう》していた以上《いじょう》に遠くて、少年の白菊丸《しらぎくまる》は何度もくじけそうになりました。今とちがって車はありませんから、白菊丸《しらぎくまる》は福島《ふくしま》から鎌倉《かまくら》まで、何日もかけて歩いていったのです。白菊丸《しらぎくまる》は、慈休《じきゅう》の弟子《でし》になりたいという、その一心《いっしん》で、歩きつづけました。そうして鎌倉《かまくら》につくころには、白菊丸《しらぎくまる》のぞうり（むかしのはきもの）はすり切れて、ボロボロになっていました。

白菊丸《しらぎくまる》は、やっと思いで、慈休《じきゅう》のいる建長寺《けんちょうじ》にたどりつきました。大きな門の前には、強そうなお坊《ぼう》さんが立っていて、たずねてきた白菊丸《しらぎくまる》をぎろりとにらみました。

「わたしは白菊丸《しらぎくまる》ともうします。こちらのお寺に、慈休《じきゅう》さまはいらっしゃいますか？」

そのお坊《ぼう》さんは、白菊丸《しらぎくまる》がめったにいないほどの美しい少年なので、いたずら心がわきました。

「慈休《じきゅう》さまなら、先日、亡《な》くなられてしまったよ」

門番はうそをいって、白菊丸《しらぎくまる》をからかってみたのでした。しかし白菊丸《しらぎくまる》にはそんなことはわかりません。白菊丸《しらぎくまる》はおどろきのあまりまっ青になって、お寺を後にしました。

（慈休《じきゅう》さまに弟子《でし》いりしたくて、信夫《しのぶ》の里からこんなに遠くまで来たのに、なんてことだろう）

ぼうぜんとしてあてもなく歩いていると、江《え》の島《しま》のがけの上まで来ていました。白菊丸《しらぎくまる》はポロポロとなみだをこぼして、がけから海をながめます。

（これ以上《いじょう》、生きているかいがない。慈休《じきゅう》さまの後を追おう。そして遠い未来、生まれ変《か》わったら弟子《でし》にしてもらおう）

白菊丸《しらぎくまる》はぞうりをぬぎ、もっていたせんす（うちわのような風をおこす道具）に自分の気もちを書くと、海にとびこんでしまいました。

たまたまとおりがかった人がそれを見て、あわてて白菊丸《しらぎくまる》を海から引き上げましたが、その時にはもう白菊丸《しらぎくまる》は息《いき》たえていました。

せんすには、ふたつの短歌《たんか》が、きれいな文字で書きのこされていました。

白菊《しらぎく》と信夫《しのぶ》の里の人とわば　思ひ入江《いりえ》のふちとこたいよ

（信夫《しのぶ》の里の人が、白菊《しらぎく》のゆくえをたずねてきたら、思いなやんで入江《いりえ》にとびこみましたと伝《つた》えてください）

憂《う》き事をおもい入江《いりえ》の嶋《しま》かげに　捨《す》つる命は波の下草《したくさ》

（なやましいことを考えて、江《え》の島《しま》の入江《いりえ》のひっそりとしたところに、すてた命は、波の下のくらい水草に沈《しず》んでいます）

美しい白菊丸《しらぎくまる》が、はかない歌をのこして、海にとびこんだという話は、あっというまに鎌倉《かまくら》中のうわさになりました。それをきいた慈休《じきゅう》は、心臓《しんぞう》が止まるくらいおどろいて、すぐさま白菊丸《しらぎくまる》がとびこんだがけまでかけつけました。

「まさかわたしが死んだとうそを教えられて、思いつめて海にとびこんだなんて」

慈休《じきゅう》は深《ふか》く深《ふか》く悲しみ、がけのふちまで歩《ほ》をすすめました。そして白菊《しらぎく》丸《まる》のこした歌を大きな声で読み上げて、なみだを流しながらとむらいました。

その後、慈休《じきゅう》は白菊丸《しらぎくまる》の亡《なき》がらを引きとり、火《か》そうをして、太平寺《たいへいじ》村の大慶寺《だいけいじ》までとどけました。お骨《こつ》は、村の人たちの手で、大慶寺《だいけいじ》の一角《いっかく》にうめられました。白菊丸《しらぎくまる》がいなくなった大慶寺《だいけいじ》はしだいにほろびていき、しまいには見るかげもなくなってしまいました。

江戸《えど》時代になって、堀田正虎《ほったまさとら》が、福島《ふくしま》の殿《との》さまであった時のことです。京都《きょうと》から妙心寺《みょうしんじ》のお坊《ぼう》さんがやってきて、この福島《ふくしま》の地に、白菊丸《しらぎくまる》という稚児《ちご》（少年の修行僧《しゅぎょうそう》）がいたことを語ってきかせました。妙心寺《みょうしんじ》は、大慶寺《だいけいじ》と縁《えん》があって、白菊丸《しらぎくまる》の話が代々《だいだい》伝《つた》わっていたのでした。正虎《まさとら》は、その物語《ものがたり》にたいそう心を動かされたので、白菊丸《しらぎくまる》をしのんで、太平寺《たいへいじ》村に「稚子塚《ちごづか》」をたてました。稚子塚《ちごづか》の文字は、堀田正虎《ほったまさとら》が直《じき》じきに書いたものだそうです。

白菊丸《しらぎくまる》がいたお寺はもうありませんが、「稚児塚《ちごづか》」だけは今もぽつりとのこって、のちの世に白菊丸《しらぎくまる》の物語《ものがたり》を伝《つた》えています。

狼《おおかみ》と子ども

――福島《ふくしま》市岡山《おかやま》

むかし、岡山《おかやま》のあたりに夫婦《ふうふ》と男の子がすんでいました。苦しい生活で、毎日の食べものも、ろくに口にいれることができませんでした。

お父さんは、子どもになんとかおいしいものを食べさせてあげようと、ある日、遠くまででかせぎに行ってしまいました。のこされたお母さんと男の子は、お父さんの帰りをずっと待っていましたが、何日たっても帰ってはこなかったのです。

「もう、お父さんはいないんだよ」

お母さんは、あきらめて男の子にいいきかせました。そうして、男の子をじょうぶで大きくなるように育てなければ、と昼《ひる》も夜もはたらきました。一生けんめいはたらきつづけたお母さんは、だんだんとつかれがたまっていき、とうとう病気《びょうき》になってしまいました。

「この子をのこしては死ねない」うわごとのようにつぶやいていましたが、ねがいはかなわずに、お母さんはまもなく死んでしまいました。

男の子は、お母さんのつめたくなった手を「動きますように」と思いながら何度もさすって泣《な》きました。けれども、お母さんの手が動くことはありませんでした。

お母さんは里の人の手で家の近くにうめられました。けれども、男の子はお母さんが死んでしまってもうこの世にいない、ということがしんじられません。まだどこかにいるかもしれないと思い、お母さんのすがたをさがしに家の外にとびだしました。

「お母さーん、お母さーん」

泣《な》きながら、まっ黒な夜の道をとぼとぼと歩き回っているうちに、森の中でまよってしまいました。森の奥《おく》からは、けものの声でしょうか、ぶきみなうなり声がきこえてきます。男の子は、こわくてこわくてふるえがとまりません。

やがて男の子は、歩きつかれていつのまにかねむってしまいました。ふと気がつくと、男の子はだれかにだきかかえられているようでした。ふんわりとしたお母さんのうでとはまるでちがう手ざわりでした。男の子は、びっくりしておき上がりました。

月明かりの中でよく見ると、銀茶《ぎんちゃ》色の毛につつまれた大きな狼《おおかみ》が、なみだのあとがついた男の子のほっぺたをやさしくなめていました。ざらざらした舌《した》でしたが、ちっともいたくなかったし、こわくありませんでした。男の子は、安心して狼《おおかみ》によりそって、またねむりました。夜の森は寒いのに、狼《おおかみ》の温かい毛につつまれていれば、からだがつめたくなることはなかったのです。

こうして、狼《おおかみ》と男の子の山での生活がはじまりました。ねむる場所は、大きな石の近くのほら穴《あな》です。春にはみどりの若芽《わかめ》、夏にはぴちぴちした川魚、秋にはクリや木の実、山のくだもの。狼《おおかみ》は、男の子が食べられそうなものをたくさんとってきてくれました。

けれども狼《おおかみ》に育てられた男の子は、だんだんと人間の生活が恋《こい》しくなり、山を下りて里にでることが多くなりました。もしかして、だれもいないこわれかけた自分の家に、お父さんが帰っているかもしれない、と見に行くこともありました。

すると、狼《おおかみ》は男の子がいない夜には、大きな石の上にのぼり、長い間ほえるのです。

うおーんんん　うおーんんん

その声は、どこかもの悲しく、だれかがこたえてくれるのを待っているようなひびきでした。狼《おおかみ》の声は里にもよくきこえるので、男の子は、急いで狼《おおかみ》のもとへ帰り、その首にしがみついて語りかけるのでした。

「ごめんよ、ごめんよ。どこにもいかないよ」

やがて男の子は、自分でくふうしてけものをとったり、木の実やくだものをとることをおぼえて、自分で生活ができるようになりました。それでも狼《おおかみ》は男の子のそばをはなれません。狼《おおかみ》と男の子が山をかけ回っているすがたを、里の人びとはよく見かけるようになりました。

「ほら、またあの子が狼《おおかみ》といっしょだ」

「もう人間ではないだろうよ」

人びとはささやきあいました。

男の子は、狼《おおかみ》のように四つ足で歩くわけではありませんが、しだいに人間の言葉をわすれていきました。お母さん、という言葉もわすれているかもしれません。ただ、人間としての悲しみや苦しみはわすれることができないようです。満月《まんげつ》の夜になると、死んでしまった母親のおもかげを思いだして、どうしても里に下りてしまいます。

男の子がいなくなると、狼《おおかみ》はまた石の上でほえるのです。その声は、遠く峠《とうげ》をこえて山のかなたまでとどきました。峠《とうげ》のむこうの村人が、また狼《おおかみ》がほえている、今夜はいつもよりよくきこえるし、長いことほえているぞ、とうわさするほどでした。まるで自分の子どもをよんでいるような声は、一晩中《ひとばんじゅう》つづくのです。

男の子が狼《おおかみ》とくらしはじめて何度目かの秋のことです。山の木が葉《は》っぱを落とし、空が高くなってきました。

そんな満月《まんげつ》の夜のことです。

月がゆらゆらと石の近くの池にうつっていました。月のおぼろな光を見つめていると、なんだかお母さんに会えるような気がしてきました。

つっと手をのばして月のかげをつかもうとした男の子は、そのまま池にすいこまれるように落ちてしまいました。

そうしてゆっくりと男の子のからだは池の底《そこ》に沈《しず》んでいったのです。

水色のあわがいくつかうかんだきり、後《あと》には満月《まんげつ》が水面《すいめん》にゆらゆらとうつっているだけでした。

男の子がいなくなったことに気づいた狼《おおかみ》は、池の近くの石の上でほえつづけました。夜空を引きさくようなあまりの悲しい声に、里人はねむれませんでした。そうして夜が明けると、狼《おおかみ》は深《ふか》い山の奥《おく》に消えてしまい、二度と里人の目にふれることはありませんでした。

福島《ふくしま》市の岡山《おかやま》には、小高い山を少し登った池の近くに、木々にかこまれた横長《よこなが》の石があります。ちょうど大きな動物が丸くなってねむっているようなこんもりとした形です。こもれび（木の葉《は》の間からさしこむ光）があたると、おだやかな石に見えます。さわってみるとじんわりと温かいのです。よく見ると、石の上には、狼《おおかみ》の足あとのような、かすかなくぼみがうっすらとのこっているのです。

風がふくと、石のまわりの木のえだがすりあわさって、まるで子どもが泣《な》いているようにきこえるそうです。それで、いつのころからかこの石は「夜泣《よな》き石」とよばれるようになりました。

この石におねがいをすると、子どもの夜泣《よな》きがぴたりとおさまるといわれています。子育てになやんでいる若《わか》いお母さんにとっては、とてもありがたい石なのです。

もちずり石と悲しい恋《こい》

――福島《ふくしま》市山口《やまぐち》

信夫《しのぶ》の里（現在《げんざい》の福島《ふくしま》市のあたり）の道を、りっぱな身なりの若《わか》い男の人が歩いていました。今から千二百年ほどもむかしの、平安《へいあん》時代のことです。この人は源融《みなもとのとおる》という名前の身分の高い人で、はるばると京《きょう》の都《みやこ》（現在《げんざい》の京都《きょうと》市）からやってきたのです。源融《みなもとのとおる》は、景色《けしき》のよいことで有名な宮城《みやぎ》の松島《まつしま》をおとずれた帰りに、信夫《しのぶ》の里にあるもちずり石も、ぜひ見たいと思いました。この石は、和歌《わか》（短歌《たんか》のこと）などに書かれていて、京《きょう》の都《みやこ》でもみんなによく知られていたのです。

道で出会った農家の人に道をあんないしてもらって、源融《みなもとのとおる》は山口《やまぐち》村（現在《げんざい》の福島《ふくしま》市山口《やまぐち》）にある、もちずり石をようやく見ることができました。すごく大きな、丸い形の石です。その夜は、もちずり石の近くの長者《ちょうじゃ》（お金《かね》もちのこと）のやしきに、とまりました。京《きょう》の都《みやこ》から来た、えらい人なので、たくさんのごちそうを作って、もてなしてくれました。

そのやしきには長者《ちょうじゃ》の娘《むすめ》で、虎女《とらじょ》という名の、美しい少女がいました。

おしとやかで、長いかみの毛には、いつも赤い花をさしておりました。源融《みなもとのとおる》は、その少女を一目《ひとめ》見て、すっかりすきになってしまったのです。しかし、虎女《とらじょ》という、なんだかこわそうな名とは反対に、その少女はとてもはずかしがりやで、「野原へさんぽに行ってみませんか」とさそっても、なかなかやしきからでてきません。

「近くの森の中で、赤いじゅうたんをしいたみたいに、きれいなところを見つけましたよ」と源融《みなもとのとおる》がいうと、少女はきょうみをもったらしく、ようやく外にでてきました。ふたりで森へ行ってみると、本当に地面が赤くなっています。季節《きせつ》は早春。椿《つばき》の赤い花がいちめんにちって、本当に赤いじゅうたんをしいたようになっていたのです。赤い花がすきな少女は、うっとりとしてしまいました。

その時から、ふたりはすっかり仲《なか》よしになりました。青い月夜には、源融《みなもとのとおる》が笛をふきました。それにあわせて、少女はおどりを舞《ま》ったり、歌を歌ったりしました。すずやかに流れる、笛の音《ね》。少女の黒かみにさした赤い花が、ゆらゆらとゆれ、青い月の光が天から、さやさやとふってきました。毎日、夢《ゆめ》みたいな楽しい時間をすごしたのです。

しかし、源融《みなもとのとおる》は京《きょう》の都《みやこ》では、河原左大臣《かわらのさだいじん》とよばれているえらい人なので、いつまでも長者《ちょうじゃ》の家にいるわけにはいきません。早く帰ってくるようにという手紙が、何回もとどきました。しかたがないので、とうとう京《きょう》の都《みやこ》へ帰ることになりました。わかれの朝、ふたりはもちずり石のところへ行きました。

「かならず、あなたをお嫁《よめ》さんとしてむかえにきますから、しんじて待っていてくださいね。わたしの身がわりとして、この笛をおいていきます。わたしに会いたくなったら、この笛をふいてください」と源《みなもとのとおる》融はいいました。

「このもちずり石は、麦の穂《ほ》でいっぱいなでるとねがいごとがかなう、ふしぎな魔法《まほう》の石なの。この石の前で、きっとわたしをむかえに帰ってくると、約束《やくそく》してね。おねがいよ」と少女はいいました。

その日から、少女は源《みなもとのとおる》融が信夫《しのぶ》の里へもどってくるのを、ひたすら待っていました。さみしくなった時は、月夜にあの笛をふいてみました。でも、庭の木立《こだち》に、そのすずやかな音が、消えていくばかり。よけいに、悲しくなりました。少女は、もちずり石の近くにある観音堂《かんのんどう》へ行って、「源《みなもとのとおる》融さまが、京《きょう》の都《みやこ》から一日も早く、帰ってくださいますように」とおいのりしました。そして、もちずり石を麦の穂《ほ》でなでながら、「どうか、あの人と会わせてくださいい」とおねがいしたのです。

毎日、毎日、少女はもちずり石に通《かよ》い、麦の穂《ほ》を使っておねがいしました。しかし、九十九日間も通《かよ》ったのですが、さっぱりききめがありませんでした。

百日目のことです。もちずり石の、毎日麦の穂《ほ》を当てているところがこすれて、なんだか光って見えるような気がしました。もうあきらめて、今日で終わりにしようと、少女は心をこめて麦の穂《ほ》で、そこをなでてみました。すると、映画《えいが》みたいに、源融《みなもとのとおる》のすがたが石の表面にふわりと、うかんできたではありませんか。少女は思わず「会いたかった！ ずっと待っていたのよ」といって、そのいとしい人のすがたに、だきつきました。でも、それはかげろうのように、すぐに消えてしまったのです。

がっかりした少女は、とうとう病気《びょうき》になって、ねこんでしまいました。もう、あの人はわたしのことなんか、わすれてしまったのだと、泣《な》いてばかりおりました。しばらくして、源融《みなもとのとおる》から手紙とおくりものとして絹《きぬ》の布《ぬの》がとどきました。手紙には、「京《きょう》の都《みやこ》での仕事がいそがしくて、しばらくは信夫《しのぶ》の里へもどれません。本当にごめんなさい。ふたりで見た椿《つばき》のきれいな赤い花、あなたのやさしい声は、いつもわすれたことがありません」と書いてありました。さらに、源融《みなもとのとおる》の作ったこんな和歌《わか》もそえられてありました。

みちのくのしのぶもちずりたれゆえに
みだれそめにしわれならなくに

この歌は、むかしの言葉で書かれているのでわかりにくいですが、こんな意味なのです。

東北地方の信夫《しのぶ》の里で作られている布《ぬの》にそめられた「しのぶもちずり」というみだれたもようのように、わたしの気もちがみだれているのは、だれのせいなのでしょうか。それは、わたしが悪いのではなくて、あなたがとても美しいせいなのです。美しく、かわいいあなたを思う、はげしい恋《こい》心《ごころ》のために、わたしの気もちはずっと、「しのぶもちずり」のもようみたいに、みだれつづけています。

すてきな恋《こい》の歌ですね。少女はその和歌《わか》が書かれた手紙と、おくりものの布《ぬの》をしっかりとだきしめて、しずかに死んでしまいました。きっと、少女のたましいは空高く、遠く京《きょう》の都《みやこ》の源融《みなもとのとおる》のところまでとんでいったことでしょう。

みちのくの
しのぶもちずり たれゆえに
みだれそめにし われならなくに

福島市山口《ふくしまやまぐち》の文知摺観音《もちずりかんのん》にあるしのぶもちずり石は現在《げんざい》、かこいがあるのですぐそばまで近づいて、麦の穂《ほ》でなでることはできません。でも、麦の穂《ほ》をもっていって、それをふりながらおねがいすると、ねがいごとがかなうかもしれませんよ。

むかし、この石はもっと上の方にあったのですが、おねがいに来る人たちが、近所の麦畑の麦の穂《ほ》を全部とってしまうので、村の人たちがこまってしまい、下の方へつき落としたのだそうです。源融《みなもとのとおる》の「みちのくのしのぶもちずりたれゆえに……」という和歌《わか》がきざまれた石も立っていますので、見学してみてください。そして、少女の悲しい恋《こい》のお話を思いだしてください。

お春地蔵《じぞう》さま

――福島《ふくしま》市山口《やまぐち》

福島《ふくしま》市山口《やまぐち》に、常円寺《じょうえんじ》というお寺があります。そこに「お春地蔵《じぞう》」という名のお地蔵《じぞう》さまが、ひっそりとたっています。このお春地蔵《じぞう》さまは、からだの弱い人や、家族かんけいでこまっている人を助けてくれる仏《ほとけ》さまです。

人の背《せ》たけほどある大きなお地蔵《じぞう》さまで、ぼうしと服を身につけ、やさしいお顔をしています。このお地蔵《じぞう》さまは、「お春」という娘《むすめ》ににせて作られました。お春地蔵《じぞう》さまは、なぜここにたつことになったのでしょうか。

今から三百年前、江戸《えど》時代のことです。山口《やまぐち》の里に、お春という十六才《さい》になる娘《むすめ》がいました。お春は大変《たいへん》美しい娘《むすめ》で、長い黒かみに、すんだひとみ、雪のような白いはだをしていました。それに心がやさしくて、みんなにわけへだてなく親切でした。村人たちは、美しくてやさしいお春のことを、いつもほめていました。

するとそのひょうばんをききつけたのでしょう。山ひとつこえた宮脇《みやわき》というところに「宮《みや》の脇《わき》の長者《ちょうじゃ》」とよばれるお金《かね》もちの家があって、「お春を、ぜひお嫁《よめ》さんにもらいたい」といってきました。むかしは、けっこんが早かったので、十六才《さい》はもうけっこんしてもおかしくないねんれいでした。お春の両親は、相手が長者《ちょうじゃ》さまの家とあってはねがってもないことだと、お春をお嫁《よめ》にだすことにしました。

そうしてお春は、「宮《みや》の脇《わき》の長者《ちょうじゃ》」の家のお嫁《よめ》さんになりました。長者《ちょうじゃ》の家では、旦那《だんな》さんも、その両親も大いにかんげいしてくれました。長者《ちょうじゃ》に仕《つか》えていた使用人《しようにん》たちも、美しくてやさしいお春が来てくれたことを、たいそうよろこびました。

しかし日がたつにつれ、姑《しゅうとめ》（旦那《だんな》さんのお母さん）だけはお春につらくあたるようになりました。お春はもともとからだが弱く、他の家のお嫁《よめ》さんのように、せっせとはたらくことができません。姑《しゅうとめ》はそれが気にいらなかったのです。姑《しゅうとめ》は、来る日も来る日も、意地悪をいったり、つめたいたいどをとったりしました。ですから、お春は、毎日を悲しくてつらい気もちですごしていました。

ある晴れの日、家のものはみな畑にでていて、家にはお春と姑《しゅうとめ》がふたりきりでした。姑《しゅうとめ》は、お春をよびつけて、こういいました。

「お春！ 麦があるから、それをついて、白くしておきなさい」

しゅうかくした麦は、そのままでは食べられませんから、きねでついて、もみがらや皮をとらなければなりません。お春はいいつけどおり、庭先にうすをだし、きねでトカンートッカンと麦をつきはじめました。

ほどなくして姑《しゅうとめ》も、自分のきねをもって、庭にやってきました。

「どれ、わたしもいっしょに麦をつこうか」

お春と姑《しゅうとめ》で、順《じゅん》に、きねをつくことになりました。姑《しゅうとめ》は力があるので、きねをふりおろした時に「ドガンードッガン」と大きな音がします。お春は力が弱いので、どんなに一生けんめいついても、「トカンートッカン」と小さな音しかでません。

姑《しゅうとめ》は、「なぜうちの嫁《よめ》は、はたらきが悪いのだろう。はらの立つことだわい」と心の中で思いました。

そのうち姑《しゅうとめ》の様子《ようす》がおかしくなってきました。かみをふりみだし、目がぎらぎらと光りだしたのです。お春はこわくなって、

「お義母《かあ》さん、どうしたのですか？」

とききました。

するとの姑《しゅうとめ》は、たちまちのうちに、おそろしい鬼《おに》のすがたとなりました。お春が「あっ」とおどろく間もなく、姑《しゅうとめ》は重いきねを、ドガンードッガンと何度もふりおろし、お春をたたきころしてしまったのです。

それから姑《しゅうとめ》は、自分のしたことをかくすため、お春を山奥《やまおく》の沼《ぬま》に沈《しず》めてすててしまいました。なんとかわいそうなお春なのでしょう。

夜になって帰ってきた旦那《だんな》さんは、「お春がいないんだけれど、どこに行ったんだろう?」と姑《しゅうとめ》にききました。けれども姑《しゅうとめ》は「実家にでも帰ったんじゃないの?」としらばくれるばかりです。

ところが数日後の夜、姑《しゅうとめ》がねようとすると、まどの外から、「トカンートッカン」という悲しげなきねの音がきこえてきたのでした。姑《しゅうとめ》はとびおきました。夜中にきねをつく音がきこえるなんて、おかしなことです。音は、お春を沈《しず》めた沼《ぬま》の方からきこえてくるようでした。

きねの音は、一晩中《ひとばんじゅう》やむことなく、姑《しゅうとめ》は少しもねむることができませんでした。きねの音は、次の夜も、その次の夜もつづきました。

「トカンートッカン、トカンートッカン、トカンートッカン……」

姑《しゅうとめ》の耳には、その音がこびりついてはなれません。ついには、いつどんな時にも、トカンートッカンと耳の中できこえるようになりました。

姑《しゅうとめ》は頭をかかえて、泣《な》きさけびました。

「お春、ゆるしておくれ」

姑《しゅうとめ》は、お春をころしてしまったつみにたえられなくなり、先祖代々《せんぞだいだい》お世話になっていた、常円寺《じょうえんじ》にかけこみました。そして月泉禅師《げっせんぜんじ》という、とくの高いお坊《ぼう》さんに助けをもとめました。

月泉禅師《げっせんぜんじ》はすぐに、お経《きょう》（仏教《ぶっきょう》の教えの文章）をとなえて、お春の霊《れい》をなぐさめてくれました。

「これから先、二度とこんな悲しいことがおこらないように、お春のすがたをしたお地蔵《じぞう》さまをたてましょう。すべての家庭の平和をねがうことがつみほろぼしになりますよ」

月泉禅師《げっせんぜんじ》は、姑《しゅうとめ》をさとすようにいいました。

お春地蔵《じぞう》さまがかんせいした日のことです。お寺までの道には、三キロメートルにわたって、新しいピカピカのござがしかれました。ござの両脇《わき》には、お春をかわいそうだと思った村人や、近くの里の人びとが、数千人も集まりました。新しくでき上がったお春地蔵《じぞう》さまは、ござの上を、人びとにかつがれて運ばれてきました。お春地蔵《じぞう》さまの後ろからは、白い衣《ころも》をきた姑《しゅうとめ》が、両手できよめの水をささげもって歩いていきます。お春地蔵《じぞう》さまがお寺にまつられてすべての儀式《ぎしき》が終わると、あれほど姑《しゅうとめ》を苦しめていたきねの音は、ぴたりときこえなくなりました。

それ以来《いらい》、姑《しゅうとめ》は、人が変《か》わったように、からだの弱い人にもやさしくなりました。姑《しゅうとめ》は、お春をくようしつづけて、この地で一生を終えたそうです。

その後、だれいうとなく、お春地蔵《じぞう》さまは、からだの弱い人や、家族仲《なか》の悪さでこまっている人を助ける仏《ほとけ》さまだといわれるようになりました。

ひところは、「お春」の悲しい物語《ものがたり》がおしばいになって、広く世間に知れわたったということです。そのため、人びとは「お春地蔵《じぞう》さまのごりやくにあやかりたい」と、遠くからもおしよせ、長い行列を作りました。昭和のはじめのころは、お春地蔵《じぞう》さまのお祭《まつ》りの日には、三万人も人が集まったそうです。

大杉《おおすぎ》と娘《むすめ》の恋《こい》

——福島市《ふくしまし》笹木野《ささきの》

むかしむかし、信夫《しのぶ》の里の二子塚《ふたごづか》というところに「おろす」という大変《たいへん》美しい娘《むすめ》がすんでおりました。この娘《むすめ》のところに、たいそうりっぱな身なりの若者《わかもの》が毎晩《まいばん》おとずれてくるようになりました。

「なんてすてきな方でしょう」

おろすは、たちまち恋《こい》に落ちて、若者《わかもの》が来るのを毎晩《まいばん》まちこがれるようになりました。

「こんないなかにあれほど高貴《こうき》なお方がいらっしゃるものかしら。もしかしたら都《みやこ》の身分の高い方が、旅《たび》のとちゅうにでもこの信夫《しのぶ》の里にお立ちよりになったのかもしれない。いつまた都《みやこ》にもどろうといわれるかわからない。はなればなれになるのは切《せつ》ないこと」

不安《ふあん》に思ったおろすは、なやましい思いを若者《わかもの》にうちあけました。しかし、おろすがいくらたずねても若者《わかもの》は自分の身の上を話そうとはしません。

意を決したおろすは、ある月のない晩《ばん》に、若者《わかもの》のはかまのすそに針《はり》と糸を

さし、いつものように若者《わかもの》を何くわぬ顔で送りだしました。

糸はするするとやみの中に流れていきます。おろすはその糸をのがさぬようにたぐりながら、息《いき》をころして夜道をしのんでいきました。

しばらくすると、糸がぴたりと流れなくなりました。しかし、あたりにはりっぱなおやしきどころか人のすむ気配もありません。いぶかしく思いながら、おろすがしんちょうに糸をたぐると、ぴんっとはりつめた手ごたえが感じられました。その糸の先に目をこらすと、星明かりにチカッと小さな針《はり》のきらめきが光りました。

なんということでしょう。針《はり》は大きな大きな杉《すぎ》の木の根に深々《ふかぶか》とささっていました。

「あなたは、杉《すぎ》の木の精霊《せいれい》だったのですね」

おろすは杉《すぎ》の根にかけよると、ごつごつとした木のはだにうつぶせてぽろぽろとなみだをこぼし、いつまでもなげきつづけました。


村人たちはおろすの話をきき、おどろき、ふしぎがりました。

「おろすの杉《すぎ》の話をきいたかい?」

「ああ、きいたとも。木のくせに人間に化《ば》けて娘《むすめ》をたぶらかすなんて、とんでもねえやつだ。それに、おらは、あの杉《すぎ》には、前からめいわくしていたんだ」

この杉《すぎ》は天をつくような大杉《おおすぎ》で、朝には吾妻《あづま》山のふもとまでがかげにかくれ、夕方には阿武隈《あぶくま》川にまでかげがのびるほど高く高くそびえていました。太古のむかしには木の神さまとしてうやまわれていたのですが、村人たちが田畑をたがやす生活をはじめるようになると、陽あたりが悪くて作物が育たないと、たいそうきらわれるようになっていたのです。

村人たちはより集まってはあやしい大杉《おおすぎ》の話を何度も何度もくり返《かえ》し、ああでもないこうでもないと、みけんにしわをよせてたいさくを考えました。こんな話をつづけるうちに、「おろすの杉《すぎ》」のことは、いつしかだれもが「王老杉《おろすぎ》」とよぶようになっていました。

さて、ある日とうとう村人たちは総出《そうで》で王老杉《おろすぎ》を切りたおすことにしました。太い太い杉《すぎ》の木を、たくさんの力じまんが、大きなのこぎりや、するどく重いまさかりで、日が沈《しず》むまで切ったりけずったり、大変《たいへん》な作業です。

「今日はもうここまででよいだろう」

「木くずが、山のようにつみ上がったなあ」

「ああ、この調子《ちょうし》で、明日もがんばろう」

村人たちはそんな言葉をかわしながら、家路《いえじ》につきました。


「ややっ、これはどうしたことだ!?」

一夜明けて、村人たちが集まって見ると、きのうつみ上げたはずの木くずの山が、きれいに消え去っています。もっとおどろいたことには、きのうあれほど力をこめて切りけずった王老杉《おろすぎ》の木はだが、元にもどっているではありませんか。次の日も、その次の日も、村人がつみ上げた木くずは、朝になると元どおり、何事もなかったかのように杉《すぎ》の木にぴったりとはりついているのです。

「こんなはずはない。化《ば》け杉《すぎ》だ。こんなあやしい杉《すぎ》はなんとしてでも切りたおしてしまわねばだめだ」

「いや、やはりこの杉《すぎ》は木の神さまなのではないか。おらはもうおそろしくて切りたくない」

何日も作業が進まずにいたある夜、村長《むらおさ》の夢《ゆめ》に、見知らぬ老人《ろうじん》たちがあらわれました。

「木くずをその日のうちにみんなもやしてごらんなさい。いかにふしぎな力をもった杉《すぎ》の木といっても、灰《はい》にしてしまえば、もう元にもどることはありませんよ」

この老人《ろうじん》たちは「よもぎ」と「ととぎ」という草の精霊《せいれい》でした。ふたりは、杉《すぎ》の精霊《せいれい》に「お前たちは『き』という名はついているが、草ではないか。木の仲間《なかま》になどいれるものか」とからかわれたことがあり、大変《たいへん》に杉《すぎ》をうらんでいたのでした。老人《ろうじん》の話をきいた村人たちは、さっそくその言葉どおりに木くずをもやしながら作業を行いました。すると、もう木くずは元にもどらなくなり、日に日に大杉《おおすぎ》は切りけずられていき、数十日目にとうとう太い金矢《かなや》（木をわるための道具）を打ちこまれ、ドーンと大きな音を立てて切りたおされてしまいました。

この時金矢《かなや》がとんでいったところを「大金谷《おおかなや》」「中金谷《なかかなや》」、針《はり》の落ちたところを「小針《おばり》」というようになりました。杉《すぎ》のえだがとんでいったところが伊達郡大枝村《だてぐんおおえだ》となり、大杉《おおすぎ》の立っていた土地を「折杉《おれすぎ》」とよぶようになりました。

切りたおした大杉《おおすぎ》は、お城《しろ》のお堀《ほり》にかける橋にすることになり、いかだにして川に流すことになりました。ところが、またまたふしぎがおこり、

大杉《おおすぎ》の丸太は川をさかのぼってどうしても動かなくなったのです。こまった殿《との》さまは、

「大杉《おおすぎ》はおろすにまだ未練《みれん》があるのだろう。おろすのいうことはきくはずだから、おろすに杉《すぎ》を動かすように命じなさい」といいました。

よびだされたおろすは、なみだにくれながら丸太になってしまった大杉《おおすぎ》にこそこそと話しかけ、丸太にまたがると、大きな声で木やり（重い木材《もくざい》などを、多人数で声をかけながら運ぶこと）の号令《ごうれい》をかけました。すると、杉《すぎ》はぐらりぐらりと動きはじめ、川の流れにゆられながら、ざぶんざぶんと波を立てて流れていきました。

お城《しろ》についた大杉《おおすぎ》は材木《ざいもく》にされ、お城《しろ》にかける板橋になりました。ところが、それから毎晩《まいばん》、見はり番がだれもいない橋からひそひそとささやく声をきくようになりました。そのため、ふしぎをおそれて、橋をわたる人はだれもいなくなってしまいました。こまりはてた殿《との》さまが、うらない師《し》をよんでうらなわせたところ、「大杉《おおすぎ》の精《せい》がおろすに会いたがって泣《な》くのだろう」といううけっかがでました。

さっそく殿《との》さまによびだされたおろすは、なげきながらも、

ささやいて曳《ひ》きてかけたる橋なればあらさで渡《わた》れ信夫《しのぶ》うき人《ひと》

(わたしがささやいたことで、川の流れに乗ってここまで引いてくることができてかけることができた橋なのですから、あらあらしくしないでわたってください。つらい恋《こい》にたえしのぶうれいなやみのある信夫《しのぶ》の里の人よ)

という歌をよんで橋をわたりました。するとそれからは、ふしぎなことはおきなくなりました。

大杉《おおすぎ》とおろすにちなんで、お城《しろ》は杉ノ妻城《すぎのめじょう》とよばれるようになりました。また、今の福島《ふくしま》市のあたりを杉妻庄《すぎのめのしょう》とよぶようになりました。殿《との》さまは、大杉《おおすぎ》のくようのために、お城《しろ》の近くの到岸寺《とうがんじ》に大杉《おおすぎ》の材木《ざいもく》で作った大仏《だいぶつ》を奉納《ほうのう》しました。現在《げんざい》でも城《しろ》あとに向かう道すじの橋を大仏橋《おさらぎばし》というのはこのためです。

おろすはその後今の青森《あおもり》県にある恐山《おそれざん》に送られました。人びとはあわれんで小針《おばり》に地蔵堂《じぞうどう》をたてて、おろすの悲しい気もちがはれるようにくようしたと伝《つた》えられています。

聖徳太子《しょうとくたいし》と温泉《おんせん》

――福島市《ふくしまし》土湯《つちゆ》

「ややあ、ずいぶん遠くまで来たものだなあ」

都《みやこ》からの旅人《たびびと》がひたいのあせをふきながら山道をどんどん進んでいきます。旅人《たびびと》の名前は秦河勝《はたのかわかつ》といいました。聖徳太子《しょうとくたいし》のめいれいで日本全国にたくさんのお寺をたてるために、信夫《しのぶ》の里にもやってきたのです。

聖徳太子《しょうとくたいし》は今からおよそ一四〇〇年前、奈良《なら》の都《みやこ》で政治《せいじ》を行い、仏教《ぶっきょう》を広めるために大変《たいへん》力をつくした人です。聖徳太子《しょうとくたいし》はそのころのあらそいの多かった日本をひとつにまとめ、平和にするためには、仏教《ぶっきょう》が役に立つのではないかと考えていました。

「これをわたしだと思ってもっていきなさい。この国をあらそいのない平和な国にするためにがんばるのですよ」

聖徳太子《しょうとくたいし》は秦河勝《はたのかわかつ》に自分で作った木《き》ぼりの像《ぞう》をさずけました。この像《ぞう》は聖徳太子《しょうとくたいし》そっくりでした。聖徳太子《しょうとくたいし》の仏教《ぶっきょう》にかける、なみなみならぬ思いの強さを感じた秦河勝《はたのかわかつ》は、一生けんめいがんばって日本各地《かくち》にお寺をつ

くりながら東へ東へと進んでいきました。

　ところが、旅《たび》のつかれもでたのでしょうか、河勝《かわかつ》はたおれてしまい、半身がしびれる病気《びょうき》になってしまいました。

「こまったなあ。これからまだ自分にはお寺をたてていかなければならない土地がたくさんあるのに。からだが元気にならず、動けないとは、大変《たいへん》こまったことだ。聖徳太子《しょうとくたいし》さまにも、もうしわけない」

　河勝《かわかつ》が病《やまい》に苦しみながらねていると、夢《ゆめ》に、きらきらきらーん！　という美しい光とともに聖徳太子《しょうとくたいし》があらわれました。

「河勝《かわかつ》よ、よくがんばったな。ここからほど近い、信夫《しのぶ》の里の山中に、温泉《おんせん》がわきだしているところがある。その湯につかってからだをなおすがいい。きっともとどおり具合はよくなるぞ」

　河勝《かわかつ》は目ざめるとさっそく病《やまい》をおして、夢《ゆめ》のおつげの場所をめざしました。

「おお、あそこに湯気がでている。あそこをほってみよう」

　河勝《かわかつ》が、地面をほると、ほんのりとしたいおうのにおいとともに、こんこんとお湯がわきでました。よろこんだ河勝《かわかつ》はさっそくお湯をためて何度もお湯につかりました。すると、みるみるうちに元気がわきだし、からだはすっかりけんこうになりました。

「さあ、明日からまたお寺をつくる旅《たび》をつづけるぞ」

元気になった河勝《かわかつ》が、ねむりにつくと、ふたたび、きらきらきらーん！と、聖徳太子《しょうとくたいし》があらわれました。

「河勝《かわかつ》よ、元気になってよかったな。お前はまた旅《たび》をつづけてくれ。わたしはこの信夫《しのぶ》の里にとどまって、人びとの病《やまい》をなおそうと思う。わたしのあげた像《ぞう》を、ここにおいていってくれ」

そういいのこすと、聖徳太子《しょうとくたいし》はパッと消えてしまいました。河勝《かわかつ》は、夢《ゆめ》のおつげのとおり、お堂《どう》をたて、像《ぞう》をおさめると、また寺をたてる旅《たび》に向かいました。お堂《どう》は、太子堂《たいしどう》といって、今でも土湯温泉《つちゆおんせん》にのこされています。

乙和《おとわ》の椿《つばき》

――福島《ふくしま》市飯坂《いいざか》

平安《へいあん》時代の終わりごろ、福島《ふくしま》は佐藤《さとう》庄司《しょうじ》という一族が治《おさ》めていました。今の岩手《いわて》県平泉《ひらいずみ》ではんえいしていた奥州《おうしゅう》藤原氏《ふじわらし》に代々《だいだい》仕《つか》え、東北のげんかん口《ぐち》をまかされた名門として、飯坂《いいざか》の大鳥城《おおとりじょう》を守《まも》っていました。

当時京都《きょうと》をしはいし、いばっていた平氏《へいし》を打ち負かそうと、源《みなもと》頼朝《よりとも》が兵《へい》をあげた時、平泉《ひらいずみ》で奥州《おうしゅう》藤原氏《ふじわらし》にかくまわれていた弟の源《みなもと》義経《よしつね》も兄のいくさにくわわることになりました。そのため、奥州《おうしゅう》藤原氏《ふじわらし》からは源《みなもとの》義経《よしつね》のおともとして、佐藤《さとう》家当主基治《もとはる》の息子《むすこ》である、継信《つぐのぶ》・忠信《ただのぶ》兄弟も出陣《しゅつじん》することになりました。

父基治《もとはる》は継信《つぐのぶ》・忠信《ただのぶ》兄弟を送りだしながら、さむらいとしてりっぱにたたかってこい、と声をかけましたが、母の「乙和《おとわ》」や、兄弟の妻《つま》「若桜《わかざくら》」「楓《かえで》」は家族をいくさにだすつらさに、みなうちしおれていました。

兄の継信《つぐのぶ》はそれを見て、

「母上、心配はご無用《むよう》ですよ。義経殿《よしつねどの》は稀代《きだい》（世にもまれな）のいくさ上《じょう》手《ず》。京都《きょうと》で遊びほうけている平氏《へいし》などはみな打ちとってしまうでしょう。われらもたくさんの手がらを立てて、無事《ぶじ》にこの大鳥城《おおとりじょう》までもどってきますよ」

と、さわやかにわらって出陣《しゅつじん》していきました。

継信《つぐのぶ》の言葉どおり、義経《よしつね》のせんじゅつはあたりにあたり、たたかって負けることなくせめのぼり、平氏《へいし》を京都《きょうと》から追いだすと、あっという間に瀬戸内海《せとないかい》の屋島《やしま》まで追いつめてしまいました。ところが継信《つぐのぶ》は、屋島《やしま》のたたかいで義経《よしつね》のききをすくうため、弓矢《ゆみ》にいぬかれてうち死にしてしまいました。その後、義経《よしつね》は平氏《へいし》とのいくさには勝ちますが、兄頼朝《よりとも》のねたみを買い、こんどはぎゃくに頼朝《よりとも》の軍勢《ぐんぜい》に追われる身になってしまいました。弟忠信《ただのぶ》は義経《よしつね》をにがすおとりとなって、京都《きょうと》でたたかいましたが、こちらも最後《さいご》には追いつめられて自《じ》がい（自分で自分のからだをきずつけて死ぬこと）してしまいました。

義経一行《よしつねいっこう》は少ない手勢《てぜい》で山伏《やまぶし》（山にすんでいたお坊《ぼう》さん）すがたに変《へん》そうし、ふたたび奥州藤原氏《おうしゅうふじわらし》に身をよせるべく、道々追手《おって》をかわしながら東北に向かって旅《たび》をつづけました。旅《たび》のとちゅう飯坂《いいざか》の大鳥城《おおとりじょう》にも立ちより、継信《つぐのぶ》・忠信《ただのぶ》の遺髪《いはつ》（亡《な》くなった人ののこしたかみの毛）を佐藤《さとう》家の墓前《ぼぜん》にたむけてとむらいました。主君義経《しゅくんよしつね》の手前、乙和御前《おとわごぜん》はつとめて明るくふるまいましたが、義経一行《よしつねいっこう》が立ち去った後《あと》の悲しみようは、見ていられないほどでした。

がっくりと悲しみにくれる乙和御前《おとわごぜん》は病《やまい》にふせるようになり、ふだんは気のぬけたようにぼーっとしているかと思うと、ふいに意識《いしき》をとりもどしてはうわごとをいうようになりました。

「つぐのぶー、ただのぶー、どうして死んでしまったの。あぁー、いくさになど行かせなければよかった」

若桜《わかざくら》と楓《かえで》は、乙和御前《おとわごぜん》と同様に、ともに夫《おっと》をうしなった悲しみにくれておりましたが、日ましに病《やまい》の重くなる乙和御前《おとわごぜん》のすがたを見るに見かねね、何かなぐさめる手立てはないものでしょうかと、考えておりました。

ある月のない夜のことです。乙和御前《おとわごぜん》の寝室《しんしつ》に向けて、ガチャリ、ガチャリ、と重い金《きん》ぞくがぶつかりあうような音が鳴りひびいてきました。ゆらゆらとゆれるともしびとともに、音はどんどん近づいてまいります。もうろうとした意識《いしき》の中ではありましたが、乙和御前《おとわごぜん》も何事だろうと目をさまし、近づいてくる明かりがゆれ動くのを見つめておりました。

すっと障子《しょうじ》が開くと、そこにはともしびにゆらめきながら、よろいすがたのさむらいがふたり、弓《ゆみ》となぎなたをたずさえて、りりしく立っておりました。乙和御前《おとわごぜん》がおどろきつつ声をうしなって見ていると、ふたりのさむらいは声をそろえて、

「継信《つぐのぶ》・忠信《ただのぶ》、ただいま凱旋《がいせん》（いくさに勝って帰ること）してまいりました！」

と元気な声で乙和御前《おとわごぜん》によびかけました。

「おお、継信《つぐのぶ》か。忠信《ただのぶ》か。ふたりともよう無事《ぶじ》でお帰りになったことじゃ。ほんによう無事《ぶじ》でのう」

ぽろぽろと大つぶのなみだをこぼしながら乙和御前《おとわごぜん》はよろいすがたのふたりの手をしっかりとにぎりしめ、ひさ方ぶりに安らかなねむりについたようでした。

よろいすがたのさむらいは若桜《わかざくら》と楓《かえで》のふんそう（ある人物の身なりをよそおうこと）でしたが、病《やまい》のとこにある乙和御前《おとわごぜん》がそれに気づいていたかどうか、それは知る由《よし》もありません。ふたりも万感《ばんかん》むねにせまるところあり、乙和御前《おとわごぜん》のおだやかなね顔をともしびにてらしながら、しのび泣《な》きに泣《な》くばかりでした。

佐藤基治《さとうもとはる》は、その後奥州《おうしゅう》ぜめにあらわれた頼朝《よりとも》の軍勢《ぐんぜい》に石那坂《いしなざか》のたたかいでやぶれ、奥州藤原氏《おうしゅうふじわらし》もせめほろぼされてしまいました。

佐藤《さとう》家の菩提寺《ぼだいじ》（先祖代々《せんぞだいだい》の墓《はか》がある寺）である医王寺《いおうじ》には、継信《つぐのぶ》・忠信《ただのぶ》の墓《はか》がありますが、その墓前《ぼぜん》にある三本の椿《つばき》のうち一本は、なぜかさきることなく、つぼみのままぽたりぽたりと落ちてしまうようになりました。それは見た人びとは乙和御前《おとわごぜん》のなげきの深《ふか》さに思いをはせ、その椿《つばき》を「乙《おと》和《わ》の椿《つばき》」とよぶようになり、今に佐藤《さとう》兄弟の悲《ひ》げきを語り伝《つた》えているということです。

茂《も》庭《にわ》のおろち退《たい》治《じ》

——福島《ふくしま》市茂《も》庭《にわ》

とんとむかし、茂《も》庭《にわ》村（現在《げんざい》の福島《ふくしま》市飯坂《いいざか》町茂《も》庭《にわ》）の菅沼《すげぬま》には、おろちがすんでいました。おろちというのは、すごくでっかくて、おそろしいへびのことです。口から、ガォーと火をはいたそうです。かいじゅうみたいに、強いへびだと思ってください。そのあたりの村々では、お祭《まつ》りの時に順番《じゅんばん》で、おろちにおそなえものとして、美しい少女をさしだす決まりになっていました。そうしないと、おろちがおこって、沼《ぬま》からでてきて畑などであばれるので、大変《たいへん》なことになってしまうのです。

ある年、茂《も》庭《にわ》村の当番になりました。けれど、茂《も》庭《にわ》村は山奥《やまおく》の小さな村だったので、二十四軒《けん》しか家がなく、おろちにさしだす少女も、ひとりもいませんでした。そこで、文五郎《ぶんごろう》という人が、お金《かね》をもって、遠くの村へさがしにでかけました。でも、「おろちに、さしだすための少女をさがしています。どこかの家にいないでしょうか。お金《かね》はたくさんはらいますよ」というと、みんなびっくりして「なんだと、さっさと帰れ！」と、おいはらわれてしまうのです。

文五郎《ぶんごろう》は少女をあちこちさがし歩いて、那須野《なすの》が原《はら》（栃木県《とちぎ》）へとやってきました。夕日が山に沈《しず》みかけて、すっかりくらくなってきたのですが、とまるところが見つかりません。しょんぼりと立っていると、そこへとつぜん、猟師《りょうし》（山で鳥や熊《くま》などをつかまえる仕事の人）が、やぶのかげからでてきました。文五郎《ぶんごろう》をかわいそうに思った猟師《りょうし》は、「おれの家に、とめてやるよ」といいました。

猟師《りょうし》の家は小さくて、みすぼらしい家でしたが、文五郎《ぶんごろう》はよろこんでそこへとまりました。家の中には、猟師《りょうし》の妹の美しい少女とその母親がおり、親切にもてなしてくれました。猟師《りょうし》から、なぜ旅《たび》をしているのかきかれたので、文五郎《ぶんごろう》はそのわけを話したのです。猟師《りょうし》はしばらく考えていましたが、「おれの家にいる、妹をつれていってもらえないだろうか。そのかわりに、たくさんお金《かね》をはらってくれ。今すぐに、どうしてもお金《かね》がひつようなのだ」といいだしました。母親に相談すると心配そうに、「この娘《むすめ》をつれていって、どうするのですか」とたずねたので、文五郎《ぶんごろう》は「茂庭《もにわ》の菅《すげ》沼《ぬま》のおろちへ、さしだすのです」と答えました。

母親はおどろいて、「だめです。かわいい娘《むすめ》をおそろしいおろちへあげることなど、ぜったいにできません！」と、大声を上げました。すると、となりの部屋《へや》で、その話をきいていた少女がでてきて、しずかにこういったのです。「文五郎《ぶんごろう》さん、わたしはあなたについて茂庭《もにわ》へ行きます。お兄さんにお金《かね》をわたしてください。そうすれば、お兄さんのご主人が助かるのです。お母さん、心配しなくても、だいじょうぶよ。わたしはきっと、この家にもどってきますからね」。母親は泣《な》きながら、「この観音《かんのん》さまのお守《まも》りをもっていきなさい。きっと、あなたのことを守《まも》ってくれますよ」といいました。

これには、わけがあります。猟師《りょうし》のご主人は斎藤実良《さいとうさねよし》という名前で、むかしはりっぱな武士《ぶし》（さむらいのこと）だった人でした。けれど、今は落ちぶれて、お金《かね》がなくなってしまい、とてもこまっていました。猟師《りょうし》はご主人の実良《さねよし》を助けるために、お金《かね》がひつようだったのです。妹のおかげで、お金《かね》を手にいれた猟師《りょうし》は、さっそく実良《さねよし》のところへとどけました。

実良《さねよし》はとてもよろこびましたが、「でも、どうやって、こんなにたくさんのお金《かね》を手にいれたのだ」とたずねました。猟師《りょうし》がわけを話すと、実良《さねよし》はおどろき、「それは、けしからんおろちだ。おれがやっつけて、おまえの妹と村の人たちをすくってやろう」と、さっそく、茂庭《もにわ》村をめざして出発したのです。家来《けらい》がふたりと、妹のことを心配していた兄の猟師《りょうし》もいっしょでした。

茂庭《もにわ》の文五郎《ぶんごろう》の家についた斎藤実良《さいとうさねよし》は、「悪いおろちを退治《たいじ》（やっつけること）に来た。おれにまかせろ」といったので、村の人たちは、とてもよろこびました。実良《さねよし》はまず、村の稲束稲荷《いなづかいなり》という神社へ七日間通《かよ》って、おろちを退治《たいじ》できるようにおねがいしました。すると、七日目の夜、どこからともなく白い狐《きつね》があらわれて、口にくわえた二本の白い羽の矢を、実良《さねよし》のところにおいていったのです。狐《きつね》は稲束稲荷《いなづかいなり》のお使いだったのですね。

いよいよ、茂庭《もにわ》のお祭《まつ》りの日です。村の人たちは、少女にきれいなきものをきせ、木で作った箱にいれて、菅沼《すげぬま》のほとりにおいておきました。実《さね》良《よし》は、弓《ゆみ》と狐《きつね》からもらった二本の白い羽の矢をもって、木のかげにかくれていました。

風がピューピューとふいてきて、菅沼《すげぬま》の水面《すいめん》が、ざわざわとゆれました。空がまっ黒い雲におおわれて、あたりがすっかりくらくなり、雨がドドーッとふってきたのです。そして、くらやみの中に、あやしい光が自動車のライトみたいに、ピカピカと見えました。それは、おろちの目玉だったので

Teru.

す。おろちは、少女を食べてしまうつもりでした。

その時、二羽の大きな白鳥《はくちょう》がどこからかあらわれて、沼《ぬま》の上をとびまわりました。すると、ふしぎなことに黒い雲は消えて雨もやみ、空が明るくなったので、おろちのすがたが、よく見えるようになりました。「今だ！」と実良《さねよし》は、弓《ゆみ》で狐《きつね》からもらった白い羽の矢を、おろちへ向かってヒューと放《はな》ったのです。矢はみごとに、おろちのきゅう所（だいじなところ）の、べろに命中《めいちゅう》しました。苦しくなったおろちは、バタバタとあばれていましたが、やがておとなしくなり、菅沼《すげぬま》の中へずるずると落ちていってしまいました。

猟師《りょうし》や村の人たちは、「やったー」とさけび、少女の入った木の箱へ走りよりました。母親からもらったお守《まも》りを、しっかりとにぎりしめて少女は、元気に箱からでてきました。観音《かんのん》さまが、守《まも》ってくださったのですね。

次の日、実良《さねよし》たちが菅沼《すげぬま》へ行ってみると、おろちは苦しみながら沼《ぬま》からはい上がり、あたりの草や木をたおしながら、どこかへにげだしたようでした。おろちの流した血の後《あと》を追いかけると、茂庭沢《もにわざわ》というところで、とうとう力がなくなって、たおれてしまっていました。そこへ、阿部五郎《あべのごろう》という名前で、身長が二メートル以上《いじょう》もある大男がやってきて、このおろちはおれが退治《たいじ》したことにしてしまおうと、刀《かたな》でおろちの頭を切ろうとしたのです。

実良《さねよし》は、「そのおろちは、おれが退治《たいじ》したのだ。かってなことをするな！」とおこって、阿部五郎《あべのごろう》とけんかになりました。大男の五郎《ごろう》が、刀《かたな》をブンブンふりまわすので、さすがの実良《さねよし》も負けそうになりました。それを見た家来《けらい》がご主人を助けようと、五郎《ごろう》のうしろから刀《かたな》で切りつけ、なんとか実良《さねよし》は勝つことができました。

そして、おろちが二度とあばれないように、頭とどう体《たい》としっぽとの三つに切り分けました。頭は茂庭《もにわ》の田畑《たばた》というところにある御嶽《みたけ》神社、しっぽは梨平《なしだいら》神社、どう体《たい》は名号《なごう》というところにある御嶽《みたけ》神社の順番《じゅんばん》にならべて、うめました。頭、どう体《たい》、しっぽの順《じゅん》にしないで、まん中にしっぽをおいたのは、順番《じゅんばん》にならべてうめると、おろちがくっついて、また生き返《かえ》るかもしれないと、村の人たちがおそれたからなのだそうです。

おろちがいたという菅沼《すげぬま》は現在《げんざい》、すっかり水がなくなってしまいました。沼《ぬま》の向かいがわにある白い石は、おろちのはく息《いき》で白くなったのだといわれています。斎藤実良《さいとうさねよし》が、おろちを退治《たいじ》した時にとんできた大きな白鳥《はくちょう》は、ヤマトタケルノミコト（大むかしのえらくて強い人）が茂庭《もにわ》の人びとを助けるために、鳥となってあらわれたのだそうです。茂庭《もにわ》の白鳥《しらとり》神社の神さまは、このヤマトタケルノミコトです。

ダムで摺上《すりかみ》川をせき止めてつくられた湖の「茂庭《もにわ》っ湖《こ》」では、カヤックという小さな舟《ふね》に乗ってみることができます。近くにはキャンプ場などもあり、家族みんなで遊べます。茂庭《もにわ》ふるさと館《かん》の、手作りのおそばもおいしいですよ。

福島《ふくしま》市飯坂《いいざか》町の山奥《やまおく》の茂庭《もにわ》には、おろちについての伝説《でんせつ》とともに、今も美しい自然《しぜん》がたくさんのこっているのです。

奇《き》跡《せき》の水

――伊達《だて》市長岡《ながおか》

今から八百年ぐらいむかしのことでしょうか。
伊達《だて》の長岡《ながおか》村に、母と息子《むすこ》が仲《なか》よくくらしていました。ふたりで畑をたがやし、けんめいにはたらいていたのです。まずしくても幸せな毎日でした。

ある夏のこと。日本中に悪い病気《びょうき》が流行しました。この病気《びょうき》にかかると、とても高い熱《ねつ》がでて、うなされながら死んでしまうのです。薬もあまりない、お医者さまもいない時代のことです。たくさんの人が苦しみながら、ばたばたと死んでいきました。

そのうち、やさしくてはたらき者のお母さんが、高い熱《ねつ》をだしてたおれてしまいました。悪い病気《びょうき》にかかったのかもしれません。母親思いの息子《むすこ》は、夜もねないでかん病《びょう》をしました。ひたいに水でぬらした手ぬぐいをあてて、何度もとりかえますが、すぐに湯気が立つほど熱《あつ》くなってしまうのです。何日たっても、お母さんの具合はちっともよくなりませんでした。

「お母さんが死んだらどうしよう」

息子《むすこ》は心ぼそくなりました。近所の人も次々とこの病気《びょうき》にかかってたおれているのです。だれにきいたらいいのかもわかりません。

そこでお母さんがいつもおいのりしていた神社へ行ってみました。神社には天王《てんのう》さまがまつってあります。

天王《てんのう》さまというのは、ずっとむかし、天竺《てんじく》（現在《げんざい》のインド）にあらわれた牛頭《ごず》天王《てんのう》という神さまだ、といわれています。天王《てんのう》さまは、頭に牛のような角《つの》をはやし、顔は人を食べる鬼《おに》の夜叉《やしゃ》のようで、そのからだつきは、まるで人間と同じだということです。

そんな天王《てんのう》さまに、息子《むすこ》はおねがいしました。

「おいらの命をけずってもいいから、どうかお母さんを助けてください。これから三日間、何も食べないでおいのりします」

息子《むすこ》は、畑仕事でドロのついた手をあわせました。

「おねがいします。おねがいします」

一日目もお母さんの熱《ねつ》は高いままです。

二日目も息子《むすこ》は、心をこめておいのりしました。おなかがすいてふらふらしましたが、手をあわせつづけました。それでもお母さんの熱《ねつ》は下がりません。

そうしておいのりをつづけて三日目のこと。息子《むすこ》はすっかりつかれて、いつのまにか神社にある大きな杉《すぎ》の木の根元でねむってしまいました。

どのくらいたったでしょうか。広いしずかな神社の境内《けいだい》に、とつぜん、どこからともなく強い風がごうっとふいて、見上げるほど大きな天王《てんのう》さまがあらわれました。かみの毛は黒ぐろとして、大きな目はぐらぐらと火の玉のようです。

息子《むすこ》は、はじめて見る天王《てんのう》さまがあんまりおそろしいので、目をあわせられず、ただひれふすばかりでした。天王《てんのう》さまは、息子《むすこ》をひと飲みできそうなほど赤く大きな口を開けてこういいました。

「母を思うおまえのねがいはようくわかった。病気《びょうき》がなおるようわしが霊力《れいりょく》をさずけよう」

神社の大木《たいぼく》もたおしそうなほどの大きな声です。

「ど、どうすればいいのでしょうか？」

息子《むすこ》はふるえながらききました。すると天王《てんのう》さまは、神社の入口にあるキラキラかがやく泉《いずみ》をゆびさして、

「あの泉《いずみ》の水をすぐに飲ませるがいい」

そういうと、たくさんの木の葉《は》をざざざーっとゆらして、あっというまに天王《てんのう》さまは消えてしまいました。

息子《むすこ》は夢《ゆめ》かと思いましたが、夢《ゆめ》ならさめないうちに水をくんでしまおう、と手《て》おけ（木でできた水をくむ道具）をもってきて、急いで泉《いずみ》の水をくみました。そうして水がこぼれないように大事にもって、かけ足で家に帰りました。

「お母さん、お母さん。この水を飲んでください」

熱《ねつ》ですっかりかわいたお母さんの口に水をふくませました。

かたく目をつぶり、ぐったりしていたお母さんは目を開けました。さっきは声もだせなかったのですが、

「あぁ、おいしい。もう一口《ひとくち》」といいました。

息子《むすこ》はびっくりして、二口《ふたくち》めをお母さんに飲ませました。

「おいしい、おいしい。もう一口《ひとくち》」

ごくごくごく。とうとうお母さんは、自分でおわんをもって飲んでしまいました。

息子《むすこ》は目をかがやかせました。

「お母さん、気がつきましたか。天王《てんのう》さまがこの水をくださいました」

「天王《てんのう》さまが！　天王《てんのう》さまはどんなおすがただった？」

お母さんはにっこりして息子《むすこ》にききました。

「こわくてよく見ていないのです。でもとても大きな方だとわかりました」

「ありがたいこと」

お母さんは手をあわせました。

「お母さん、よかった。ほんとうによかった！」

息子《むすこ》は、お母さんの手をとってなみだを流しました。

お母さんも息子《むすこ》の手をにぎり、おき上がりました。

「夢《ゆめ》でも見たようだよ。ちっとも苦しくないよ」

次の日、仲《なか》よく畑仕事をする母と息子《むすこ》を見た村人は、大変《たいへん》おどろきました。何日もねこんでいた母親がぴんぴんしてはたらいているのです。

この話はたちまち村中に伝《つた》わり、われも、われもと天王《てんのう》さまの水をもとめて、神社には長い行列ができました。本当にこの水を飲んだ人は、たちまち熱《ねつ》が下がって元気になったのです。

やがて、長岡《ながおか》の泉《いずみ》の水は「銀名水《ぎんめいすい》」とよばれ、飲めばどんな病気《びょうき》もなおってしまう奇跡《きせき》の水として、たちまち人びとの間に広まっていきました。

そうして、息子《むすこ》が使ったおけでくんだ水を飲むと、「その一年は病気《びょうき》にならない」といわれ、大きなおけや小さなおけがたくさん作られました。神社のお祭《まつ》りでは、このおけがとぶように売れたのです。

「銀名水《ぎんめいすい》」のような奇跡《きせき》をおこす水があったら、何時間ならんでも水をくみに行きたいと思いますよね。

あめ買い幽霊《ゆうれい》

――伊達《だて》市保原《ほばら》

幽霊《ゆうれい》とかお化《ば》けの話は、こわいのでいやだという人が多いですね。でもこれは、赤ちゃんをかわいがる、心のやさしいお母さん幽霊《ゆうれい》のお話なのです。

むかし、伊達郡《だてぐん》の保原《ほばら》（現在《げんざい》の伊達市保原町《だてしほばらまち》）に、おかし屋がありました。とくに、そこで作っているあめは、あまくておいしいことで有名でした。むかしのあめなので、ドロップのようにかたいものではなく、水あめをぼうの先っぽに、ぐるぐるまきつけたものを売っていたのです。ペロペロキャンディーみたいな形で、やわらかい水あめが、先っぽについていたのですね。

ある日の夜おそく、保原《ほばら》のおかし屋の戸をトントンと、たたく音がしました。お店の主人が、こんな夜中になんだろうと思って戸を開けると、外は雨がしとしととふっていて、つめたい風もふいています。白いきものをきて、赤ちゃんをだっこした若《わか》い女の人が立っており、「あのう、あめを一本ください」といって、一文銭《いちもんせん》（むかしのお金《かね》）をそっとさしだしたのです。白いきものは雨にぬれていて、長いかみの毛がぼさぼさの、なんだか気味の悪い女の人でした。主人があめを一本わたすと、女の人は「ありがとうございます」と小さな声でいい、雨のふるくらやみの中へ、すうっと消えていってしまいました。

その夜から毎日、同じ時間になると、戸をトントンとたたく音がしました。白いきものをきた女の人が、赤ちゃんをだっこして、あめを一本買いにあらわれるのです。赤ちゃんはおとなしくて、少しも泣《な》きません。おかし屋の主人は、ふしぎなことがあるものだと思い、知りあいの絵師《えし》（絵をかく仕事の人）に、そのことを話しました。すると、絵師《えし》は「それはなんだか、あやしいな。幽霊《ゆうれい》かもしれないぞ。ぜひとも、その女を見て、絵にかいてみたいものだ」と、絵筆《えふで》と紙をとりだしました。

さて、主人と絵師《えし》がじっと待っていると、その夜も女の人がやってきて一文銭《いちもんせん》をだし、「あのう、あめを一本ください」といいました。主人は「あめが、今日は売り切れて、なくなってしまいました。今、大急ぎで新しいのを作っていますので、ちょっとお待ちください」と、うそをいって、わざとゆっくり時間をかけて、あめをわたしました。その間に、絵師《えし》は店のすみの方にかくれながら、女の人の様子《ようす》を見て、そのすがたをさっさと紙に写生《しゃせい》してしまったのです。本当に、幽霊《ゆうれい》みたいな絵でした。

ある日の夜、柱田《はしらだ》村（現在《げんざい》の伊達《だて》市保原《ほばら》町柱田《はしらだ》）のさみしい道を、若者《わかもの》が歌を歌いながら、ふらふらと歩いていました。町のお店でお酒をたくさん飲んで、すっかりよっぱらってしまったのです。雨がふってきたので、そろそろ家に帰ろうかと思っていると、どこからか、赤ちゃんの泣《な》き声がきこえてきました。夜中なのに変《へん》だなと近づいてよく見てみると、白いきものをきて、かみの毛をふりみだした若《わか》い女の人が、赤ちゃんをだいて立っていました。

女の人は若者《わかもの》を見ると、にゃりとわらい、よろよろと歩きだしました。若者《わかもの》はおどろいて、むねがドキドキしましたが、こわいもの見たさで、その後《あと》をそっと追いかけていったのです。すると、女の人は東光寺《とうこうじ》というお寺の、お墓《はか》がたくさんある場所へ入っていきました。そこで、若者《わかもの》の方へくるりとふり向き、また、にゃりとわらいました。女の人のまわりには、赤い火の玉がふわふわとうかび、やがてそのすがたは、ぱっと消えてしまったのです。後《あと》には、青いけむりが、雲みたいにただよっていました。

「うわー、こりゃ、幽霊《ゆうれい》だ！」と若者《わかもの》はびっくり。目がぐるぐるまわって気をうしない、たおれてしまいました。次の日の朝、若者《わかもの》はお寺のお坊《ぼう》さんに助けられて、ようやく自分の家に帰ることができたそうです。

それから、東光寺《とうこうじ》には女の幽霊《ゆうれい》がでるという話が、村中に広がってしまいました。お寺におそなえしていたもちが、四十九こもなくなってしまうという、変《へん》な事件《じけん》もおきました。お坊《ぼう》さんも、ほうっておくことができないので、お寺のお墓《はか》を調べてみました。すると、新しいお墓《はか》の脇《わき》に、ぽっかりと大きな穴《あな》が開《あ》いていたのです。

そのお墓《はか》は、赤ちゃんをのこして病気《びょうき》のために死んだ、柱田村《はしらだ》の母親のものでした。そういえば、その赤ちゃんもどこかへ、消えてしまっていたのです。母親の家の人たちは、おそるおそる、そのお墓《はか》をほってみました。すると、お墓《はか》の中には、死んだはずの母親が、赤ちゃんをしっかりと、だきしめていたのです。赤ちゃんは男の子で、まるまるとふとって、にこにこと元気にわらっておりました。ふたりのかたわらには、あめのぼうやもちが、たくさんありました。これを見た家の人やお坊《ぼう》さんは、おどろいてしまいました。

死んでしまった母親は、赤ちゃんにお乳《ちち》をあげることができないので、とても心配していたのですね。そこで、幽霊《ゆうれい》となって家から赤ちゃんを、お墓《はか》につれてきたのです。そして、お乳《ちち》のかわりに、あめやもちをなめさせていました。だから、赤ちゃんは元気だったのです。保原《ほばら》のおかし屋へ毎日、夜中にあめを買いにきたのは、この母親だったということがわかりました。

家の人たちは、母親から赤ちゃんを引きはなそうとしました。しかし、どうしても母親は手ばなさないのです。お坊《ぼう》さんは、「これはきっと、あめを買ってきて、赤ちゃんになめさせることができなくなるので、母親がはなさないのだろう。かわいそうに」と考えました。そこで、お坊《ぼう》さんは乳母《うば》（お母さんのかわりに、赤ちゃんへお乳《ちち》をあげる人）を、村の中からさがしてきました。

乳母《うば》のおっぱいを母親に見せながら「この女の人は、お乳《ちち》がたくさんでるから、だいじょうぶ。あなたのかわりになって、赤ちゃんにいっぱいお乳《ちち》を飲ませてくれるそうです。だから、安心しなさい」と、お坊《ぼう》さんはいいました。さらに、お墓《はか》の前で、ありがたいお経《きょう》（仏教《ぶっきょう》の教えの文章）を何度も何度も、となえたのです。母親のまっ白だったほほが、ほんのり桜《さくら》色に明るくなってきました。手がすっとゆるんで、赤ちゃんをはなしました。

赤ちゃんはその後、お父さんに引きとられ、大切に育てられました。やがて、やんちゃで元気な男の子となり、村中のみんなにかわいがられたということです。

おかし屋へ、あめを買いにきた女の人を、絵師《えし》が写生《しゃせい》したものと伝《つた》えられている「あめ買い幽霊《ゆうれい》」の絵は、伊達《だて》市保原《ほばら》町柱田《はしらだ》の東光寺《とうこうじ》に、今ものこされているそうです。

このお話と同じような、あめを買いに夜中にあらわれる母親の伝説《でんせつ》は、福島《ふくしま》県内の各地《かくち》だけでなく、全国のあちこちにのこっています。自分の子どもたちをいつも深《ふか》く愛《あい》し、心配しているお母さんのやさしい気もちが伝《つた》わってくるこのお話は、みんなの心をうつからなのでしょう。

高《たか》子《こ》沼《ぬま》の黄《こ》金《がね》発見

——伊達《だて》市保原《ほばら》

とんとむかし、伊達《だて》の高子《たかこ》（現在《げんざい》の伊達《だて》市保原《ほばら》町）というところに、熊《くま》坂《さか》という名前のお大尽《だいじん》（お金《かね》もちのこと）のやしきがありました。

そのやしきではたらいていた若者《わかもの》が、毎朝早くおきて、高子沼《たかこぬま》のほとりに草かりにでかけておりました。そして、夕方になると頭から足先までびっしょりと、水にぬれて帰ってくるのです。そんなことが一か月もつづいたので、村の人たちの間で、「あいつ、沼《ぬま》でいったい何をしているのだろう」と、うわさになりました。夏のことだったので「水あびでもして、遊んでいるにちがいない」という人もいました。お大尽《だいじん》もなんだか変《へん》だと思い、若者《わかもの》にそのわけをたずねてみました。

若者《わかもの》は「毎朝早く、くらいうちに高子沼《たかこぬま》へ行くと、沼《ぬま》の中から、ニワトリの鳴く声がコケコッコーときこえてくるのです。その声がきこえてくるあたりに、朝日がさしはじめると、水の中にピカピカと光るものが見えます。よく見ると、なんと、沼《ぬま》の底《そこ》に金《きん》の大きなかたまりがあって、それがピカピカとまぶしくかがやいているのです。その黄金《こがね》（金《きん》のこと）をとろうと、何回も沼《ぬま》の水の中にもぐってみるのですが、ふしぎなことに、ふわふわとしていて、手でつかまえることが、どうしてもできないのです」と答えました。

お大尽《だいじん》は「なるほど。それで毎日、沼《ぬま》の水でびしょびしょにぬれて帰ってくるのか。ようし、おれもいっしょに行って、たんけんしてみよう」といいました。

次の日、お大尽《だいじん》は早おきして、若者《わかもの》といっしょに高子沼《たかこぬま》へ行きました。すると、若者《わかもの》の話のとおり、ニワトリの鳴き声がコケコッコーときこえ、本当に沼《ぬま》の中にピカピカ光る大きなものが、見えるではありませんか。舟《ふね》に乗って、水の上からじっとそれを見つめていたお大尽《だいじん》は、黄金《こがね》がゆらゆらとゆれていることに気づきました。しばらく考えていましたが、「そうか、わかったぞ。あの黄金《こがね》は水の底《そこ》にあるのではなくて、あそこだ！」と、沼《ぬま》の近くにある山をゆびさしたのです。

山にある黄金《こがね》が、朝日でピカピカと光り、それが鏡《かがみ》のように高子沼《たかこぬま》の水にうつって、まるで、沼《ぬま》の底《そこ》に金《きん》のかたまりがあるように、ゆらゆらと見えたというわけなのですね。

さっそく次の日、お大尽《だいじん》は若者《わかもの》とともに山へ、黄金《こがね》を見つけにでかけました。林の中や草むらなどあちらこちらを、一生けんめいにさがして歩きました。そして、とうとう、大きな金《きん》のかたまりを発見することができたのです。黄金《こがね》を手にいれたお大尽《だいじん》の熊坂《くまさか》家は、ますますお金《かね》もちになってしまいました。そのお金《かね》を使って、お大尽《だいじん》は、高子《たかこ》から遠くはなれた相馬《そうま》の海の港《みなと》までの土地を、全部買いしめてしまったのです。熊坂《くまさか》家から相馬《そうま》の港《みなと》まで歩くのに、ほかの家の土地をふまなくても行けるという、すごいことになったのですね。

お大尽《だいじん》は、黄金《こがね》を発見できたのは若者《わかもの》が教えてくれたおかげだと、感謝《かんしゃ》しました。お礼に、若者《わかもの》をとても大切にしました。若者《わかもの》が死んでしまった後《あと》も、黄金《こがね》が見つかった山の中に小さな神社をつくって、若者《わかもの》の霊《れい》におのりしていました。その小さな神社は、今ものこっているということです。

もうひとつおまけで、とんとむかしのお話をしましょう。保原《ほばら》あたりの村々には、アブナイ入道《にゅうどう》という妖怪《ようかい》がでました。入道《にゅうどう》というのは、お坊《ぼう》さんみたいに頭の毛をつるつるにそった人のことです。毎日、夜中になると

「アブナイ、アブナイ」という変《へん》な声が、どこからともなくきこえてくるのです。

最初《さいしょ》は遠くの方からそっときこえ、だんだん近づいてくると、大きな声になり、やがてまた、遠くの方へしずかに声が消えていったのだそうです。村の人たちはこわいので、夜になると家の戸をしっかりとしめて、外にでないようにしていました。

村の勇気《ゆうき》のある若者《わかもの》が、アブナイ入道《にゅうどう》とは、どんな妖怪《ようかい》なのか見てみようとしました。木のかげにかくれて、じっと待《ま》っていると、「アブナイ、アブナイ」と大声をだしながらやってきたのは、黒いきものをきた、大きなお坊《ぼう》さんだったそうです。若者《わかもの》がそっと、後《あと》を追いかけていくと、アブナイ入道《にゅうどう》は高子沼《たかこぬま》のあたりで、ふっといなくなってしまいました。

おどろいた若者《わかもの》が次の日、入道《にゅうどう》が消えた場所に行ってみると、高子沼《たかこぬま》のほとりに、つぼがおいてあるのを発見しました。うちよせる波で、今にも沼《ぬま》へころげ落ちそうでした。若者《わかもの》が、そのつぼをとろうと手をのばしたその時、沼《ぬま》の中から魔物《まもの》がとつぜんあらわれ、その手をガブリとかんで、もぎとってしまったのです。それにも負けず、若者《わかもの》はなんとかつぼをうばいとり、家に帰ってから、ふたを開けてみました。

つぼの中にはなんと、光かがやく砂金《さきん》(小さなつぶつぶになった金《きん》)が、ぎっしりとつまっていたのです。砂金《さきん》の入ったつぼが沼《ぬま》に落ちそうで、あぶなくなっていることを心配して、アブナイ入道《にゅうどう》に変身《へんしん》した妖怪《ようかい》が、「アブナイ、アブナイ」といって、村の人たちに知らせて歩いていたということに、若者《わかもの》はようやく気づきました。その妖怪《ようかい》は、つぼの中の金《きん》を守《まも》っていた、神さまみたいなものだったそうです。

あっ、それから、若者《わかもの》の片手《かたて》をかみ切った魔物《まもの》は、つぼに入った金《きん》をもっていかれないように、高子沼《たかこぬま》の神さまが、魔物《まもの》に変身《へんしん》してかみついたのです。砂金《さきん》のいっぱいつまったつぼが、その後、どうなってしまったのかは、だれも知りません。なんとも、ふしぎなお話ですね。

高子沼《たかこぬま》のあたりで、金《きん》がとれたというのは事実なのです。むかし、伊達《だて》政宗《まさむね》というお殿《との》さまが、金《きん》のまざった石から金《きん》を作った場所をかくすために、そこを沼《ぬま》にしてしまいました。それが、高子沼《たかこぬま》だというい伝《つた》えものこされています。高子沼《たかこぬま》の近くの山には、金《きん》のまざった石をほりだした穴《あな》が、今でもあります。

高子沼《たかこぬま》は、まさしく黄金《こがね》の沼《ぬま》だったのです。

雷《らい》太《た》と三《さん》太《た》郎《ろう》

――伊達《だて》市梁川《やながわ》

夕ぐれが近い夏の日でした。梁川《やながわ》の桑畑《くわばたけ》で、おじいさんが畑仕事をしていました。お昼《ひる》すぎからはたらいていたので、すっかりくたびれてしまったおじいさん。やれやれ、とこしをのばしていると、空にまっ黒な雲が広がって、たちまちあたりはくらくなりました。ゴロゴロと雷《かみなり》の音が近づき、やがて大つぶの雨がふりだしました。

「こりゃ、こまった。家までは遠いし、木の下は雷《かみなり》が落ちるというし」

おじいさんは、しかたなく頭をかかえて畑にしゃがみこみました。

するどく光る青白いイナズマが、ピカッと空に走ったと思ったら、遠くの大きな杉《すぎ》の木に、

どっかーん!!

と雷《かみなり》が落ちました。

「ひゃー」

思わず耳をふさいだおじいさんが、ふと顔を上げると、小さな男の子が

立っています。

「あれ？　おまえはどっから来たんだ？」

すると男の子は、口をぐっとむすんで、だまって空をゆびさします。

おじいさんは空を見上げました。雷《かみなり》はやんでいました。

男の子の頭をなでながら、おじいさんがききました。

「親とはぐれたのか？　うちに来るか？」

男の子は、コクリとうなずいておじいさんの後《あと》についていきました。

男の子は、雷太《らいた》と名づけられました。

雷太《らいた》は、おかしなねむり方をします。家の中にある神棚《かみだな》に上がってねるのです。

「そんなせまいところでねないで、ちゃんとふとんに入れよ」

おじいさんが、いくらいっても、毎日夜になると神棚《かみだな》に上がってねるのでした。

もっとおかしなことに、雷《かみなり》が鳴ると、みんなこわがって雨戸《あまど》をしめてしまうのに、雷太《らいた》は外にとびだして走り回り、空をうれしそうに見上げて、手をぶんぶんふります。

「雷太《らいた》は雷《かみなり》さまの子どもだ」

村人はうわさしました。

そんな雷太《らいた》は、いやな顔ひとつしないで、おじいさんの仕事を手伝《てつだ》ったのです。そうして、よくはたらくじょうぶなからだの青年になりました。

雷太《らいた》が十八才《さい》になった時のことです。

雷太《らいた》は、まじめな顔でおじいさんにこういいました。

「長いあいだお世話になりました。ぼくは村のみんなのいうとおり、雷《かみなり》一族のものです。そろそろ天に帰らなければならないので、松《まつ》の葉《は》っぱをたくさん集めてください」

おじいさんは、さびしそうな顔をしました。

「やっぱりそうだったのか。それはざんねんなことだな。でも松葉《まつば》なんて何すんだ?」

「葉《は》っぱに火をつけてください。火からでたけむりに乗って天にのぼります」

おじいさんは、雷太《らいた》にいわれたとおり松葉《まつば》を集めてきました。

その話をきいた村人が、おじいさんの家の庭に集まってきました。

「そんなに楽ちんに空へ行けるのか?」

村のみんなは首をひねりながら見ています。

やがておじいさんが火をつけました。朝日のような明るい火がおじいさんと雷太《らいた》の顔をてらします。

白いけむりが立ち上がり、いよいよ天に帰る時がきました。

「ありがとうございました。ぼくが雷《かみなり》一族のしるしに、この村にはけっして雷《かみなり》を落とさないようにします。それからもうひとつ、みなさんにお礼がしたいのです。水がいいですか？　お湯がいいですか？」

おじいさんが答えました。

「水は大事だから水がいいぞ」

「わかりました。これからこの村が日でりになることはないでしょう。安心してください。それではみなさん、おじいさん、さようなら」

雷太《らいた》は、けむりといっしょに天にのぼっていってしまいました。

おじいさんは、けむりが目にしみたのか、なみだぐんでセキをしました。

そうして村人といっしょに、いつまでもいつまでも天を見つめていました。

それから村には雷《かみなり》が落ちることも、日でりになることも本当になかったのです。

さて、となりの村には、雷太《らいた》と同じ年の十八になる三太郎《さんたろう》がいました。

「ちぇっ。雷太《らいた》のやつ、ほんとうに天に帰っちまった。おれも一度は天ってところに行ってみたいもんだなぁ」

いたずらずきの三太郎《さんたろう》は、ためしにかれ木をたいて、けむりに乗ってみました。すると、どんな力がはたらいたのか、天にのぼることができました。

「ほっほーい」

三太郎《さんたろう》は、下界《げかい》を見おろしてすっかりいい気分です。

天上についた三太郎《さんたろう》が、見物しようとキョロキョロしていると、雷雲《かみなりぐも》の中から青鬼《おに》がでてきて三太郎《さんたろう》を見つけました。

「こら、待て。お前はここに何をしに来たのだ」

とキバをむいています。かたそうな角《つの》も頭に二本、のっかっています。

三太郎《さんたろう》は、「うわ、おっかねぇ」と思いましたが、

「おれは三太郎《さんたろう》だ。このあいだ天に帰った雷太《らいた》の友だちだぞ。雷太《らいた》は雷《かみなり》一族ってきいたから、天をあんないしてもらおうと、はるばる地上から来たんだ」

とむねをはってえらそうにしています。

すると青鬼《おに》は、雷太《らいた》の友人ときいて、雷神《らいじん》のところまでつれていきました。

雷《かみなり》だいこを背負《せお》った雷神《らいじん》は、三太郎《さんたろう》を見て、

「よう、三太郎《さんたろう》じゃないか。よくここまできたな」

「わぁ、りっぱな雷神《らいじん》さまだな。ほんとうに雷太《らいた》なんだ」

「おじいさんは、元気か？」

「元気で畑仕事をしているさ」

「そうか。それはよかった。それよりお前は何をしにここまで来たのだ？」

「生きているうちに天を見てみたいと思ってさ」

雷神《らいじん》になった雷太《らいた》は、

「ちょうどいい。天上はいそがしいんだ。ちょっと手伝《てつだ》ってくれないか」

「おやすいごようだ」

「この大おけに穴《あな》を開けて、下界《げかい》に水をまいてくれ」

三太郎《さんたろう》がさっそくおけの底《そこ》に穴《あな》を開けると、滝《たき》のような大雨が下界《げかい》に流れだしました。下界《げかい》では大さわぎです。あわててせんたくものをとりこむおかみさんや、急に走りだして転んでしまう子どもが見えます。

「あれを見ろよ。みんな大さわぎだ。ゆかい、ゆかい」

三太郎《さんたろう》は、夢中《むちゅう》で底《そこ》のぬけたおけに水をたしていきます。おもしろくておもしろくてやめられません。下界《げかい》をもっと見てみようと、身を乗りだし

たとたん、足をふみはずして雲の間からまっさかさまに落ちてしまいました。

ひゅー〜〜どさーん！

落ちたところは桑畑《くわばたけ》でした。三太郎《さんたろう》はひっかかった桑《くわ》の木から大声でさけびました。

「おーい。だれか助けてくれー」

天上から、これを見ていた雷神《らいじん》の雷太《らいた》は、

「やれやれ。人間にできる仕事ではないな。けれども、三太郎《さんたろう》には手伝《てつだ》ってもらったから、ごほうびに桑《くわ》の木には雷《かみなり》を落とさないことにしよう」

それからは、おじいさんのすむ村だけではなく、桑《くわ》の木にも雷《かみなり》が落ちることはありませんでした。イナズマが光るとイナビカリといって、お米のできるイネがたくさんとれる豊作《ほうさく》となるのです。

雷《かみなり》はおそろしいだけではなく、人びとにめぐみをもたらす神さまでもあったのです。

懸《かけ》田《だ》御《ご》前《ぜん》の観《かん》音《のん》像《ぞう》

―― 伊達《だて》市霊山《りょうぜん》

伊達《だて》市霊山《りょうぜん》町の掛田《かけだ》というところに、「茶臼山《ちゃうす》」とよばれる小高い山がありますます。町中にぽつんとある山なので、この山の上からは、あたりいったいの景色《けしき》を一目《ひとめ》で見わたすことができます。桜《さくら》の時期になると、たくさんの花が一気にさいて、この山全体がピンク色にそまります。

むかし茶臼山《ちゃうす》の頂上《ちょうじょう》には、懸田城《かけだじょう》というお城《しろ》がたっていて、懸田《かけだ》氏とよばれる一族がすんでいました。ざんねんなことに、懸田城《かけだじょう》はほろびてしまって、今は跡《あと》かたもありません。

どうして懸田城《かけだじょう》はほろびてしまったのでしょう。懸田《かけだ》氏の一族はどこに行ってしまったのでしょう。この土地には、懸田《かけだ》氏についての悲しいお話が伝《つた》わっています。

戦国《せんごく》時代のことです。懸田城《かけだじょう》には、懸田俊宗《かけだとしむね》というお殿《との》さまがすんでいました。奥方《おくがた》さまは、懸田御前《かけだごぜん》といって、天女《てんにょ》のように美しい人でした。

ふたりの間には、梅松丸《うめまつまる》という十五才《さい》になる息子《むすこ》がいました。

しかしある時、懸田俊宗《かけだとしむね》は、家来《けらい》の中島伊勢《なかじまいせ》と桜田玄蕃《さくらだげんば》に、うら切《ぎ》られて、いくさに負けてしまいました。それで、懸田城《かけだじょう》はてきの手にわたって、ほろびてしまったのです。

いくさのさなか、懸田御前《かけだごぜん》は、てきとなった中島伊勢《なかじまいせ》にとらえられてしまいました。中島伊勢《なかじまいせ》は、懸田御前《かけだごぜん》があまりにも美しいので、ずっと前から自分のものにしたいと思ってきたのです。

中島伊勢《なかじまいせ》の根城《ねじろ》は、金山城《かなやまじょう》といって、今の宮城《みやぎ》県丸森《まるもり》町にありました。懸田御前《かけだごぜん》は、この金山城《かなやまじょう》まで、むりやりにつれてこられてしまいました。

中島伊勢《なかじまいせ》は、懸田御前《かけだごぜん》にせまっていいます。

「わたしのものになる決心はつきましたか?」

懸田御前《かけだごぜん》は、中島伊勢《なかじまいせ》のせいで、家族とバラバラになり、お城《しろ》を追われたのです。すきになれるはずがありません。

「あなたのことは、大っきらいです。わたしは何があってもあなたのものにはなりません」

中島伊勢《なかじまいせ》は、その後《あと》もこりずに何度もいいよりましたが、そのたびに懸《かけ》田御前《だごぜん》はことわりました。

一方、お殿《との》さまの懸田俊宗《かけだとしむね》は、いくさで大けがをおっていました。しかし、城《しろ》のごくわずかな家来《けらい》とともに、息子《むすこ》の梅松丸《うめまつまる》を守《まも》ってにげていたのです。川俣《かわまた》の秋山《あきやま》村というところに、むかしから懸田《かけだ》一族に仕《つか》えていたお百姓《ひゃくしょう》さんがいたので、そこに落ちのびていきました。

お百姓《ひゃくしょう》さんは、きずだらけのお殿《との》さまを見て、びっくりしていいました。

「お殿《との》さま、いかがされましたか！　だいじょうぶですか！」

「城《しろ》が、せめ落とされてしまったのだ。せめてこの子のことを、てきに見つからぬよう、かくまってくれ。よろしくたのむ」

俊宗《としむね》はそういうなり、力つきてしまいました。そうして、梅松丸《うめまつまる》は殿《との》さまの息子《むすこ》とわからないように、秋山《あきやま》村のお寺でひっそりとくらすことになったのです。

けれども、中島伊勢《なかじまいせ》の方が一まいうわてでした。中島伊勢《なかじまいせ》は、近くの村々に、何人もの手下をひそませていたので、梅松丸《うめまつまる》が秋山《あきやま》村ににげたこともすべて知っていました。

ある日のこと、中島伊勢《なかじまいせ》は、みょうにやさしい声で、懸田御前《かけだごぜん》に話しかけました。

「あなたの息子《むすこ》の梅松丸殿《うめまつまるどの》ことですが……」

「え？　梅松丸《うめまつまる》のことを何か知っているのですか？」

懸田御前《かけだごぜん》はおどろいて、中島伊勢《なかじまいせ》につめよります。

「実はいくさの時、わたしは梅松丸殿《うめまつまるどの》のことを見つけていました。しかしかわいそうに思い、ひそかににがしてさしあげたのです。今は川俣《かわまた》の秋山《あきやま》村で、かくまっています」

中島伊勢《なかじまいせ》は、何も知らない懸田御前《かけだごぜん》にうそを教えて、自分のことをすきになってもらおうとしました。けれども、懸田御前《かけだごぜん》はすぐにこのたくらみを見やぶりました。

「あなたが、そんなことをするはずがありません。わたしはだまされませんよ。梅松丸《うめまつまる》に何かしたら、ただではすみませんからね！」

これにはさすがの中島伊勢《なかじまいせ》もかないません。中島伊勢《なかじまいせ》は、たいそうはらを立てながら、帰っていきました。

懸田御前《かけだごぜん》は、部屋《へや》にひとりになると、観音像《かんのんぞう》に梅松丸《うめまつまる》の無事《ぶじ》をいのりました。この観音像《かんのんぞう》は、城《しろ》がほろびる時に唯一《ゆいいつ》もちだせた、懸田御前《かけだごぜん》の心のささえでした。

それからも、中島伊勢《なかじまいせ》は手を変《か》え、品を変《か》え、懸田御前《かけだごぜん》を口説《くど》きました。

けれども懸田御前《かけだごぜん》は、中島伊勢《なかじまいせ》が下心《したごころ》をもっているいやつだということを知っていたので、したがいませんでした。

懸田御前《かけだごぜん》がいつまでも自分の思うようにならないので、ある時ついに、中島伊勢《なかじまいせ》のいかりは頂点《ちょうてん》にたっしてしまいました。中島伊勢《なかじまいせ》は、

「梅松丸《うめまつまる》をころしてしまえ！」

と手下に命じたのです。

次の日、梅松丸《うめまつまる》がかくれていた秋山寺《あきやま》へ、からだの大きな武士《ぶし》（さむらいのこと）たちがおしかけてきました。梅松丸《うめまつまる》はいち早くきけんをさっちして、寺のうらからそっとにげだしました。全力で走って、となりの小島《おじま》村の藤根《ふじね》川あたりまで来ましたが、追ってきた武士《ぶし》たちに見つかってしまい、刀《かたな》で切られて死んでしまいました。

梅松丸《うめまつまる》が亡《な》くなったその場所は、のちに「おぼこが淵《ふち》」とよばれるようになりました。「おぼこ」とは、「こども」のことです。

知らせを受けてかけつけた乳母《うば》（母に代わって子どもに乳《ちち》をあげてお世話をする女性《じょせい》）は、梅松丸《うめまつまる》の亡《なき》がらを前に、おいおいと泣《な》きました。悲しみの中で乳母《うば》は、近くの山のふもとに亡《なき》がらをうめて、お墓《はか》を作りました。

梅松丸《うめまつまる》のお墓《はか》とすぐにわかるよう、そばには梅《うめ》の木と松《まつ》の木を植《う》えてあげ

ました。乳母《うば》は梅松丸《うめまつまる》のことがかわいそうで、その場をはなれることができません。お墓《はか》の近くにお堂《どう》をたてて、毎日、梅松丸《うめまつまる》をとむらってすごしました。

懸田御前《かけだごぜん》は、この話を伝《つた》えきいて、悲しくてくやしくて、いてもたってもいられませんでした。せめて梅松丸《うめまつまる》の墓《はか》へおまいりに行きたいとねがっても、とらわれの身で、金山城《かなやまじょう》をでることができません。中島伊勢《なかじまいせ》がにくくてしかたがありません。しかし、ふくしゅうしたくとも、女の身では、すぐに負けてしまいます。

「中島伊勢《なかじまいせ》を、調伏《ちょうぶく》（のろうこと）するしかない」

むかし、人はにくい相手にのろいをかけることができるとしんじられていました。懸田御前《かけだごぜん》は、ひそかに中島伊勢《なかじまいせ》へのろいをかけて、ひどい目にあわせてやろうと思いました。

しかし、どうしたことでしょうか。

「懸田御前《かけだごぜん》が、中島伊勢《なかじまいせ》にのろいをかけている」

といううわさが、城中《じょうじゅう》に広まってしまったのです。そしてそれは、中島伊《なかじまい》勢《せ》本人の耳にまでとどきました。

「息子《むすこ》をころせば、少しはおとなしくなるものと思ったが。あまつさえ、わたしにのろいをかけようとするとは！」
伊勢《いせ》は、決して自分になびかない懸田御前《かけだごぜん》を、にくみました。そうして、懸田御前《かけだごぜん》を生きながらにして「大ぬかり」という深《ふか》い沼《ぬま》へ沈《しず》めて、ころしてしまいました。

その後のことです。梅松丸《うめまつまる》のお堂《どう》に、全国をめぐり歩いて修行《しゅぎょう》（からだをきたえ、勉強すること）をしていた僧《そう》が立ちよってくれました。下野国《しもつけのくに》（現在《げんざい》の栃木県《とちぎ》）の円通寺《えんつうじ》から来た、良然《りょうねん》という名の僧《そう》でした。乳母《うば》が事情《じょう》を話したところ、梅松丸《うめまつまる》をあわれんで、お経《きょう》（仏教《ぶっきょう》の教えの文章）を百万回となえてくれました。そのうえ、さまざまなお経《きょう》を書き写してお堂《どう》におさめてくれました。それでお堂《どう》は、正式にお寺として、みとめられるようになりました。このお寺は「梅松《うめまつ》寺」といって、今でも川俣《かわまた》にのこっています。

さて、懸田御前《かけだごぜん》が死んだのち、中島《なかじま》家では後《あと》つぎとなる子どもが全く生まれなくなりました。中島《なかじま》家の人びとは、「息子《むすこ》をころされた懸田御前《かけだごぜん》のたたり」ではないかと、おそれました。中島伊勢《なかじまいせ》は、自分に後《あと》つぎが生まれなくなってはじめて、懸田御前《かけだごぜん》とその息子《むすこ》をころしたことを後《こう》かいしました。

中島伊勢《なかじまいせ》は、懸田御前《かけだごぜん》のおんねん（うらみの気もち）が少しでもおさまるようにと、懸田御前《かけだごぜん》が生きていた時に大事にしていた観音像《かんのんぞう》を、梅松《うめまつ》寺にきふすることにしました。

それでも、なかなかのろいは消えず、中島伊勢《なかじまいせ》は子どもにめぐまれません。中島伊勢《なかじまいせ》は、いっそう懸田御前《かけだごぜん》をとむらうため、金山城《かなやまじょう》の近くに、観音堂《かんのんどう》をたてました。そして梅松《うめまつ》寺にあげた懸田御前《かけだごぜん》の観音像《かんのんぞう》を引きもどして、観音堂《かんのんどう》にまつりました。この観音堂《かんのんどう》は、のちに「長泉寺《ちょうせんじ》」（宮城《みやぎ》県丸森《まるもり》町）というお寺になりました。

懸田御前《かけだごぜん》の観音像《かんのんぞう》は、長い間、長泉寺《ちょうせんじ》で大切にまつられてきましたが、明治《めいじ》時代に、お寺にすむお坊《ぼう》さんがだれもいなくなった時、ぬすまれてしまいました。懸田御前《かけだごぜん》の観音像《かんのんぞう》はゆくえ不明《ふめい》になってしまったのです。

しかし、それからふしぎなことがおこりました。懸田御前《かけだごぜん》のふるさとである、霊山《りょうぜん》町掛田《かけだ》にすむ菅野《かんの》家の使用人《しようにん》が、宮城《みやぎ》県丸森《まるもり》町をとおった時のことです。使用人《しようにん》は、さる道具屋の前でなぜか急に足がすくみ、動けなくなりました。

「いったい、どうしたことだろう」

そう思っていると、店内から自分の名をよぶ、女の人の声がきこえてきました。まどから店の中をのぞいてみますが、女の人のすがたはどこにも見えません。

あやしく思いながらも、店に入ってみると、店番をしているのはひげをはやしたおじいさんひとりで、やはり女の人はいません。使用人《しようにん》は、声の主《ぬし》をさがすのをあきらめて店をでようとしましたが、その時ゆいしょのありそうな観音像《かんのんぞう》が、目にとまりました。

「ひょっとすると、この観音像《かんのんぞう》によびとめられたのかもしれないぞ」

使用人《しようにん》は、自分のかんにしたがって、この観音像《かんのんぞう》を買って帰りました。

菅野《かんの》家で調べてみると、この観音像《かんのんぞう》はなんとゆくえ不明《ふめい》になっていた懸田《かけだ》御前《ごぜん》の観音像《かんのんぞう》だったのです。

霊山《りょうぜん》町掛田《かけだ》にすむ人びとは、

「懸田御前《かけだごぜん》が、ふるさとにお帰りになった！」

と大よろこびしました。こうして地元の人びとは、懸田城《かけだじょう》があった茶臼《ちゃうす》山にお堂《どう》をたてて、この懸田御前《かけだごぜん》の観音像《かんのんぞう》をまつりました。懸田御前《かけだごぜん》の観音《かんのん》像《ぞう》は長い旅《たび》のすえ、ふるさとの者につれられ、なつかしい懸田城《かけだじょう》のあった場所まで帰ってきたのです。

実は、この茶臼《ちゃうす》山のお堂《どう》は平成《へいせい》二十六年の大雪で、つぶれてしまいました。しかし懸田御前《かけだごぜん》の観音像《かんのんぞう》は、無事《ぶじ》でした。今は掛田《かけだ》の三条院《さんじょういん》というお寺にあります。ふたたび懸田御前《かけだごぜん》の観音像《かんのんぞう》を茶臼《ちゃうす》山にまつるため、お堂《どう》をたてなおす計画がもち上がっているそうです。

絹《きぬ》の里のはじまり

——伊達《だて》郡《ぐん》川俣《かわまた》町

むかしむかし、ある帝《みかど》が人びとのまずしさに深《ふか》く心なやみ、国をゆたかにする方法《ほうほう》をさまざまにかんがえていました。そして、ある日、渡来人《とらいじん》（大陸《たいりく》から日本にわたってきた人びと）である秦氏《はたし》から、養蚕《ようさん》のわざを教《おし》えてもらえばよいのではないかとひらめきました。

桑《くわ》の木を育ててその葉《は》を蚕《かいこ》という蛾《が》の幼虫《ようちゅう》に食べさせると、やがて幼《よう》虫《ちゅう》は繭《まゆ》（蚕《かいこ》が作りだす、白くてたまごみたいな形の玉）を作ります。この繭《まゆ》から生糸《きいと》を作り、機織《はたお》りをして布《ぬの》に仕立てると、絹織物《きぬおりもの》という高級な生地《きじ》ができ上がるのです。絹《きぬ》はとても高くとり引きされるので、国をゆたかにするためには、大変《たいへん》有力な産業《さんぎょう》でした。秦氏《はたし》はすぐに自《みずか》らの一族を国中につかわして養蚕《ようさん》を広めることとしました。

川俣《かわまた》には大和国《やまとのくに》から秦峰能《はたのみねよし》という人が帝《みかど》の命《めい》を受けてやってきました。峰能《みねよし》はひとり娘《むすめ》の小手姫《おてひめ》をつれていました。小手姫《おてひめ》は養蚕《ようさん》にかかわるさまざまな細やかなわざを、深《ふか》く知っていたのです。

元気に出発したふたりでしたが、川俣《かわまた》の地にたどりつくころには長い旅《たび》路《じ》にすっかりくたびれてやつれはてていました。空《く》ふくにたえきれず、峰《みね》能《よし》は近くの大きな家に立ちよって「すみませんが食べ物を少しいただくことはできませんでしょうか」とたのみました。

この家の住人はみな畑にでており、おばあさんだけがのこっていました。「まあまあ、長旅《たび》で大変《たいへん》なことでした。すぐに食べ物をもってきましょう。ただ、ごらんのとおりここは山の中のまずしい村です。ふだんわたしたちが食べているものは、都《みやこ》からいらっしゃった方々のお口にはあわないでしょう。せめて米のごはんをたいてさしあげましょう。それまで部屋《へや》でお休みください」といってふたりをもてなしました。

当時のお米は大変貴重《たいへんきちょう》なものでした。ふたりはおばあさんのやさしさに深《ふか》く感謝《かんしゃ》して、食事をいただきました。そうしているうちに早くも日は西にかたむき、この家の主《あるじ》ももどってきました。

峰能《みねよし》は主《あるじ》に向かってお礼をのべながら、「わたしたちは都《みやこ》からまいりました。おなかがすいて一歩《いっぽ》も進めないところを、今日ありがたくもこちらのおたくへ立ちよらせていただき、お食事をいただくことになりました。おばあさまに大変《たいへん》お世話になり、感謝《かんしゃ》にたえません。重ねてのおねがいばかりもうし上げて大変《たいへん》心ぐるしいのですが、わたしたちはなれない旅路《たびじ》でつかれきっております。何とぞ今晩《こんばん》の宿をおかしいただけませんでしょうか」といいました。

　すると主《あるじ》は「たやすいことです。ここはごらんのとおりのいなかですから、わたしたちも都《みやこ》のめずらしいお話などをおききしたい。気のすむまでごゆっくりおとまりください」とやさしくいいました。峰能《みねよし》と小手姫《おてひめ》は、よろこんで、都《みやこ》のことや旅《たび》で見たものの話などをしながらその家にとまりつづけました。

　ある晩《ばん》、いつものようになごやかに話しながら、小手姫《おてひめ》が峰能《みねよし》に切りだしました。

「お父さま、こちらのおたくには大変《たいへん》にお世話になりました。お礼に、蚕《かいこ》のことをお話ししてはいかがでしょう」

「それはいい思いつきだ。こちらでは蚕《かいこ》は育てていらっしゃいますか?」

「カイコ。それはいったいどういうものでしょう」

「蚕《かいこ》という虫を育てて繭《まゆ》を作らせ、その繭《まゆ》から糸を作り、『絹《きぬ》』という織物《おりもの》を織《お》るのです。この『絹《きぬ》』というものが都《みやこ》では大変《たいへん》に高く売れます」

「えー!? 虫を育てて? 布《ぬの》を作るんですって? そんなこと、あるものでしょうか。とてもしんじられませんねえ」

主《あるじ》があまりにしんじないので、峰能《みねよし》は小手姫《おてひめ》に絹《きぬ》の布《ぬの》をとりださせ、主《あるじ》の目の前に広げて見せてみました。夢《ゆめ》のように美しい絹《きぬ》をはじめて見た主《あるじ》のおどろきようは、大変《たいへん》なものでした。

「うわー、これはすごい！ぴかぴかに光っていますね！またこの布《ぬの》のふんわりと軽いことといったらどうでしょう。こんな布《ぬの》ははじめて見ました」

峰能《みねよし》は主《あるじ》のおどろきようを見て、養蚕《ようさん》をすすめてみました。

「どうです。絹《きぬ》をこの土地で作ってみては。見たところこの村では農作物もなかなか育たないご様子《ようす》。養蚕《ようさん》を行えば、今とはくらべものにならないほどもうかりますよ」

主《あるじ》はそれをきいて「絹《きぬ》とはすてきな布《ぬの》ですね。虫から布《ぬの》を作るだなんて、養蚕《ようさん》とはおもしろいものだなあ。またそれほどもうかるものであるならば、わたしもぜひやってみたいものです」といいました。

さっそく峰能《みねよし》は主《あるじ》に養蚕《ようさん》のやり方を教えました。くわしいことは小手姫《おてひめ》がよく知っておりましたので、さまざまなわざを教えながら蚕《かいこ》を育てたところ、たくさんの繭《まゆ》がとれました。そして小手姫《おてひめ》の織《お》る絹織物《きぬおりもの》は、大変《たいへん》な高値《たかね》で売れました。

それを見た土地の人びとはあらそうようにして蚕《かいこ》を育て、家族総出《そうで》で養《よう》蚕《さん》につとめました。小手姫《おてひめ》はたのまれるたびに、こころよく村人に蚕《かいこ》の育て方を教えましたが、次第にひとりでは手が回らなくなってきました。そのため、弟子《でし》を育て、その弟子《でし》たちを方ぼうにつかわして養蚕《ようさん》のわざを伝《つた》えました。こうして小手姫《おてひめ》の養蚕《ようさん》のぎじゅつが伝《つた》わった地域《ちいき》を「小手郷《おてごう》」とよぶようになったのです。

そのようにいそがしくしているうちに峰能《みねよし》は川俣《かわまた》で亡《な》くなり、のこされた小手姫《おてひめ》はけっこんをすすめられてもことわり、しょうがい独身《どくしん》ですごしたということです。

その後は尼《あま》（女性《じょせい》のお坊《ぼう》さん）となって庵《いおり》（お坊《ぼう》さんのすむ小さな家）をたて、そこで年をとって亡《な》くなったとも、いやな男性《だんせい》にいいよられるつらさから、大清水《おおしみず》という池にとびこんで亡《な》くなったともいわれています。

沼《ぬま》の底《そこ》のおやしき

―伊達郡桑折町《だてぐんこおり》

むかし、伊達郡森江野村《だてぐんもりえの》の塚野目《つかのめ》というところに、りっぱなおやしきがありました。そこには「塚野目殿《つかのめどの》」とよばれる武士《ぶし》（さむらいのこと）がすんでいました。

この塚野目殿《つかのめどの》と奥方《おくがた》さまの間には、「早百合姫《さゆりひめ》」という娘《むすめ》がいました。早百合姫《さゆりひめ》は、花のように美しく、かれんな娘《むすめ》でした。

ある時、この早百合姫《さゆりひめ》が、病《やまい》にかかって、たおれてしまいました。塚野《つかの》目殿《めどの》は、村で一番うでのよい医者をよびよせましたが、早百合姫《さゆりひめ》の病《やまい》の原《げん》因《いん》はわかりませんでした。医者は、薬をどっさりとだしていきましたが、どれも早百合姫《さゆりひめ》には全くききません。早百合姫《さゆりひめ》の病《やまい》はどんどん重くなるばかりです。

ある日、早百合姫《さゆりひめ》は、

「半田沼《はんだぬま》の水を飲みたい……」

とうわごとをいいだしました。

この村の先には、半田《はんだ》山という、たくさんの金《きん》や銀《ぎん》がとれる山がありました。半田沼《はんだぬま》は、この半田《はんだ》山の山《さん》ぷくにあり、昼《ひる》でもうすぐらい森にかこまれたところでした。沼《ぬま》の水は青くかがやき、ハッとするほど美しいのです。しかし底《そこ》がたいそう深《ふか》くて、今までだれも、一番下までもぐった人はいませんでした。村人たちは、「底《そこ》にはおそろしい主《ぬし》がすんでいるのではないか」とうわさして、沼《ぬま》には近づきませんでした。

早百合姫《さゆりひめ》のかん病《びょう》をしていた乳母《うば》（母に代わって子どもに乳《ちち》をあげてお世話をする女性《じょせい》）や侍女《じじょ》（身の回りのお世話をする女性《じょせい》）たちは、

「そんなところの水を飲んでは、かえってからだによくないですよ」

と早百合姫《さゆりひめ》をさとしました。しかし早百合姫《さゆりひめ》は、

「どうか、半田沼《はんだぬま》の水をくんできてください」

とけんめいにおねがいをくり返《かえ》すばかりでした。乳母《うば》はこまって、塚野目《つかのめ》殿《どの》と奥方《おくがた》さまに相談をしました。

塚野目殿《つかのめどの》は、「熱《ねつ》でうなされて、こんらんしているのだろう」と相手にしませんでした。奥方《おくがた》さまも、そうは思いましたが、娘《むすめ》が本気でねがうのならばと、使用人《しようにん》に、半田沼《はんだぬま》から水をくんでくるよう、たのみました。

しばらくのちに、半田沼《はんだぬま》から、水が運ばれてきました。半田沼《はんだぬま》の水は、

深《ふか》い青い色をしていて、キラキラと光って見えました。

早百合姫《さゆりひめ》は、ようやくのことでからだをおこすと、水を一《いっ》ぱい、こくりこくりとおいしそうに飲みほしました。

するとどうでしょう、次の日には、早百合姫《さゆりひめ》はおき上がり、歩けるようになったのです。その日のうちに、ごはんも食べられるようになりました。

塚野目殿《つかのめどの》と奥方《おくがた》さまは、びっくりして目を丸くしましたが、娘《むすめ》が元気になって、たいそうよろこびました。塚野目殿《つかのめどの》は、早百合姫《さゆりひめ》が半田沼《はんだぬま》の水をほしがったことをふしぎに思い、娘《むすめ》にききました。しかし早百合姫《さゆりひめ》は、病《やまい》の時のことはよく思いだせないようでした。

その後も、早百合姫《さゆりひめ》は重い病《やまい》に何度もかかりました。けれどもそのたびに、半田沼《はんだぬま》の水を飲めば、病《やまい》はすっきりとなおったのでした。


ある朝、乳母《うば》が早百合姫《さゆりひめ》をおこしに行くと、ねどこには早百合姫《さゆりひめ》のすがたがありませんでした。

「早百合姫《さゆりひめ》が、急に消えてしまった！」

乳母《うば》はあわてて、塚野目殿《つかのめどの》と奥方《おくがた》さまに知らせました。塚野目殿《つかのめどの》は、たくさんの家来《けらい》にたのんで、やしきの中はもちろん、村のすみずみまで、しまいには近くの森や山までも、くまなくさがしましたが、早百合姫《さゆりひめ》は見つかりません。

塚野目殿《つかのめどの》は、村人たちにも協力《きょうりょく》をもとめました。大ぜいの人びとが夜になっても、早百合姫《さゆりひめ》のゆくえをさがしつづけました。早百合姫《さゆりひめ》はどこに行ってしまったのでしょうか。

次の日の朝、村人のひとりが、半田沼《はんだぬま》のそばの松《まつ》のえだに、高価《こうか》なきものがかかり、風にはためいているのを見つけました。木の根元には、ぞうり（はきもののこと）がそろえておいてあります。「もしや」と思った村人は、きものとぞうりを塚野目殿《つかのめどの》のおやしきにとどけました。塚野目殿《つかのめどの》と奥方《おくがた》さまがたしかめてみると、それはまぎれもなく、早百合姫《さゆりひめ》が身につけていたものでした。

塚野目殿《つかのめどの》と奥方《おくがた》さまは大急ぎで半田沼《はんだぬま》へかけつけました。半田沼《はんだぬま》を目にした奥方《おくがた》さまは青ざめた顔つきで、今にもたおれそうです。塚野目殿《つかのめどの》は家《け》来《らい》に、

「一刻《いっこく》も早く沼《ぬま》の中を調べるのだ」

と命じました。しかし家来《けらい》の中には、半田沼《はんだぬま》のような深《ふか》い沼《ぬま》に、長くもぐることができる者はいません。そこで、水にもぐることを仕事にしている

「水練《すいれん》（泳ぎのうまい人のこと）」をつれてきました。

水練《すいれん》は、早百合姫《さゆりひめ》をさがしに、半田沼《はんだぬま》へ入っていきました。沼《ぬま》の水はつめたく、下へもぐればもぐるほど、視界《しかい》はくらくなっていきました。早百《さゆ》合姫《りひめ》を見つけるのは、大変《たいへん》むずかしいことに思えました。

するとどこからか、カラカラー♪カタンカタン♪と軽やかな音がきこえてきました。どうやらそれは機織《はたお》り機《き》の音のようです。

水練《すいれん》はふしぎに思いながらも、音のする方へさそわれていきました。とつぜん、目の前が明るくなり、ぴかぴかのおやしきがあらわれました。それは、今までに見たこともないような、大きくてりっぱなおやしきでした。

音は、そのおやしきの方からひびいてきます。

「なんときみょうなことだ。沼《ぬま》の底《そこ》にこんなすばらしいおやしきがあるだなんて」

おやしきの近くまで行くと、沼《ぬま》の中にもかかわらず、なぜか息《いき》ができます。水練《すいれん》は、げんかんの門の前で、

「もし、どなたかいらっしゃいますか？」

と大きく声をはり上げました。しかし何度たずねても、返事はありません。

門をくぐり、おやしきのとびらを開けて中へ入っていくと、カラカラー

♪カタンカタン♪という音はますます近くなるようでした。その音をたよりに、長いろうかを奥《おく》の方へ奥《おく》の方へと、しんちょうに進んでいきました。ついにろうかのつきあたりの、一番大きなふすま（和風のドアのこと）の前まで来ました。音はここからきこえてきます。

水練《すいれん》が、おそるおそるふすまを開けてみると、娘《むすめ》がひとりで機《はた》を織《お》っていました。

「もしや、あなたは、早百合姫《さゆりひめ》さまではありませんか？」

娘《むすめ》は、急な訪問者《ほうもんしゃ》におどろきながら、答えました。

「はい、そうです。あなたはどなた？」

水練《すいれん》は早百合姫《さゆりひめ》が見つかって、うれしくなりました。

「あなたのご両親にたのまれて、あなたをむかえに来たのです」

それをきいて早百合姫《さゆりひめ》はなみだをうかべました。

「でも、わたしは帰るわけにはいきません。半田沼《はんだぬま》の主《ぬし》に気にいられてしまって、その妻《つま》になったのです」

早百合姫《さゆりひめ》は、うつむいて、力なく答えました。

「半田沼《はんだぬま》の主《ぬし》がなんだというのです！　それがし（わたし）と、いっしょに帰りましょう」

水練《すいれん》が早百合姫《さゆりひめ》をつれだそうとすると、早百合姫《さゆりひめ》は後《あと》ずさりました。

「それはできません。わたしの夫《おっと》を見れば、あなたの考えも変《か》わるでしょう。今、昼《ひる》ねをしていますから、少しだけ夫《おっと》のすがたを見てください」

早百合姫《さゆりひめ》は、部屋《へや》の奥《おく》のふすまを細く開けてあげました。すき間から、水練《すいれん》がそっとのぞきこんだところ、そこには赤い色をした牛が、八畳《はちじょう》の部屋《へや》いっぱいに、ぎゅうぎゅうづめになってねていたのでした。熊《くま》よりもさらに大きなからだです。赤牛《あかべこ》の鼻息《はないき》はあらく、まるで台風の風のようで、息《いき》をするたびに部屋《へや》全体がゆれるのでした。

「夫《おっと》が目をさまして、わたしがいなくなっていたら、きっとおこって、塚《つか》野目《のめ》のやしきも村もこわしてしまうでしょう。ざんねんだけれど、わたしは帰れません。あなたも、夫《おっと》が昼《ひる》ねからおきないうちに地上へおもどりください」

水練《すいれん》はおそろしくなって、からだがふるえました。

「わたしはもどることはできませんが、代わりにこれを、父母にわたしてください」

早百合姫《さゆりひめ》は、自分のじゅばん（きものの下に身につけるもの）のそでを、片方《かたほう》ちぎって、水練《すいれん》にもたせました。

「わたしはいつでも、両親と、村の人たちの幸せをいのっていますよ」

水練《すいれん》は、沼《ぬま》のふちで待っていた塚野目殿《つかのめどの》と奥方《おくがた》さまに、じゅばんのそでをとどけました。

「これはまさに、早百合姫《さゆりひめ》がいなくなった時にきていたじゅばん……」

奥方《おくがた》さまは、そでをしっかりとにぎりしめました。

水練《すいれん》は、半田沼《はんだぬま》の底《そこ》で見たきょ大《だい》な赤牛《あかべこ》のこと、早百合姫《さゆりひめ》のことをすべて両親に話しました。奥方《おくがた》さまはなみだを流し、その場にすわりこんでしまいました。塚野目殿《つかのめどの》は、

「あんなに水を飲みたがったのは、半田沼《はんだぬま》の主《ぬし》にみいられていたからなのか」

と、くやしなみだを流しました。

「それでも、半田沼《はんだぬま》の主《ぬし》には、娘《むすめ》の命を何度もすくってもらった。娘《むすめ》が半《はん》田沼《だぬま》の底《そこ》ででも、生きていてくれるならば……」

塚野目殿《つかのめどの》と奥方《おくがた》さまは、いつまでもいつまでも、青い半田沼《はんだぬま》をただ見つめていました。

それ以来《いらい》、赤牛《あかべこ》の妻《つま》となった早百合姫《さゆりひめ》は、お世話になった塚野目《つかのめ》の里の人びとへ、おん返《がえ》しをしてくれるようになりました。夏に日《ひ》でりがつづいて、田んぼの水がなくなるような時、村人が半田沼《はんだぬま》のほとりで、「早百合《さゆり》殿《どの》〜、雨をふらしておくれ〜」とおねがいをすると、早百合姫《さゆりひめ》がかならず雨をふらせてくれたのです。半田沼《はんだぬま》のほとりでの雨《あま》ごいきがんは、その後《あと》何百年もつづけられていたといいます。

ミイラになった万蔵《まんぞう》さま

―― 伊達郡国見《だてぐんくにみ》町

みなさんは、ミイラを知っていますか？　ミイラというと、エジプトのピラミッドの中にねむっているミイラのことを思いだすかもしれませんね。しかし、実は日本にも「ミイラ」があるのです。

エジプトのミイラは、本人が死んだ後《あと》に、別《べつ》の人がからだをミイラにします。いっぽう、日本のミイラは、本人が生きているうちから、自分の意《い》志《し》でからだをミイラにするのです。

むかし、日本には修験者《しゅげんじゃ》という、山野をめぐり歩いて修行《しゅぎょう》（からだをきたえ、勉強すること）した人が大ぜいいました。その修験者《しゅげんじゃ》が、苦行《くぎょう》のすえに、自分のからだをミイラにしてのこしたのです。そのミイラは、「即《そく》身仏《しんぶつ》」とよばれて、今でも福島《ふくしま》県や山形《やまがた》県で見ることができます。

むかしは、天《てん》こうのえいきょうで、お米や野菜《やさい》がとれなくて、人びとがうえ苦しむという、ききんがたびたびおこりました。またでんせん病《びょう》をはじめとして、病気《びょうき》に苦しむ人びとが大ぜいいました。今よりも、人の力ではどうにもできないことがたくさんあったのです。修験者《しゅげんじゃ》が即身仏《そくしんぶつ》（ミイラ）になると、そのような人びとのなんぎ（苦労すること）を代わりに引き受けて、こまっている人びとをすくうことができるとしんじられていました。

これは人びとの幸せをねがって、即身仏《そくしんぶつ》になった修験者《しゅげんじゃ》、万蔵《まんぞう》さまのお話です。

江戸《えど》時代、国見《くにみ》町の小坂峠《こさかとうげ》を登った先に、「がらみき稲荷《いなり》」とよばれる神社がありました。「がらみき」とよばれる土地にたっていたので、「がらみき稲荷《いなり》」と名がつきました。万蔵《まんぞう》さまは、このがらみき稲荷《いなり》の十五代目の修験者《しゅげんじゃ》として、村人たちのそんけいを集めていました。

このがらみき稲荷《いなり》は、山の奥《おく》にありましたが、その脇《わき》を町と町とをむすぶかい道《どう》がとおっていましたので、たくさんの人びとが、毎日がらみき稲《いな》荷《り》をおがみながら行き来していたのでした。

ある時は、東北の大名《だいみょう》（広いりょう地《ち》をもっているさむらい）が、江戸《えど》へ行くために、たくさんの家来《けらい》をつれてとおりました。またある時は、商人や村人たちが、山形《やまがた》県の霊験《れいげん》あらたかな（大変《たいへん》ごりやくがある）出羽三山《でわさんざん》へ、おまいりするためにとおりました。

小坂峠《こさかとうげ》は、道がけわしかったので、大雨がふったり、雪がつもったりすると、人びとはとおることができなくなりました。峠《とうげ》をこえられずにこまっている人びとがいると、万蔵《まんぞう》さまはがらみき稲荷《いなり》にとめて、助けてあげました。峠《とうげ》でけがをした人、峠《とうげ》にすてられた子どものことも、万蔵《まんぞう》さまは助けてあげました。万蔵《まんぞう》さまのおかげで、みんなは安心して峠《とうげ》を行き来することができました。

このようにがらみき稲荷《いなり》のあたりは、たくさんの人が毎日とおっていくので、一見《いっけん》さかえているように見えました。しかし、この一《いっ》たいは、山の高い位置《いち》にあったので、昼《ひる》でも気温が低《ひく》く、お米や野菜《やさい》がなかなか育ちませんでした。わずかばかりに実った作物も、かい道をとおる大名《だいみょう》や武士《ぶし》（さむらいのこと）たちへだしてあげると、自分たちの食べるものがほとんどなくなってしまいました。

そこで村人は、農業の他に、峠《とうげ》の手荷物《てにもつ》はこびや、馬の乗りつぎ場の仕事もしていました。しかし、それもほんのわずかなしゅう入《にゅう》だったので、食べるものもお金《かね》もなくなって、バラバラになってしまう一家《いっか》も少なくありませんでした。

ある時、万蔵《まんぞう》さまは、弟子《でし》と村人たちを集めていいました。

「わしは、即身仏《そくしんぶつ》になることにしたぞ」

万蔵《まんぞう》さまは、若《わか》いころに出羽三山《でわさんざん》で修行《しゅぎょう》をして、即身仏《そくしんぶつ》になる修行法《しゅぎょうほう》を学んでいたのでした。

みんなは目を丸くして、おどろきました。

「万蔵《まんぞう》さま、即身仏《そくしんぶつ》になるためには、想像《そうぞう》をぜっするような、つらい修《しゅ》行《ぎょう》があるときいています。それをなさるおつもりなのですか?」

弟子《でし》のひとりがおそるおそるききました。

「もちろんだよ。わしは、まわりの村の人びとがまずしくうえていくのが、何よりも悲しい。わしが即身仏《そくしんぶつ》になることで、なんぎをかた代《が》わりして、うえ苦しむ人びとをすくいたいのだ」

それから万蔵《まんぞう》さまは、生きているうちから即身仏《そくしんぶつ》になるじゅんびをはじめました。即身仏《そくしんぶつ》になるには、からだから、水分としぼうをギリギリまでへらし、骨《ほね》と皮だけのからだを作るひつようがあったのです。

万蔵《まんぞう》さまは、食事を変《か》えました。まず、わたしたちが毎日食べているような、ごはんやおかずの食事はやめて、木の実、種《たね》、くだものだけを食べました。その間も、山の中での、きびしい修行はかかしません。

伝説《でんせつ》によると、このころの万蔵《まんぞう》さまは、「飛行《ひこう》のじゅつ」を身につけ、空を自由にとぶことができたそうです。十数里《じゅうすうり》（四十キロメートル以上《いじょう》）はなれた「山形《やまがた》県の亀岡文殊菩薩《かめおかもんじゅぼさつ》」へ、一刻《ひととき》（現在《げんざい》の約二時間）で到着《とうちゃく》したといいます。

万蔵《まんぞう》さまの超人的《ちょうじんてき》な力はそれだけではありません。近くの村が水不足《ぶそく》でこまった時のことです。万蔵《まんぞう》さまは、山の一番奥《おく》にある滝《たき》に登って、雨がふるようにと、神さまにいのりました。すると、こうかはばつぐんで、かならずその日のうちに雨がふったということです。

万蔵《まんぞう》さまは、つらくともだん食《じき》の修行《しゅぎょう》をつづけました。さらに食べるものをへらし、木の皮と根だけを食べて命をつないだのです。

ある日、万蔵《まんぞう》さまは弟子《でし》をつれて、伊達《だて》の平野がよく見える山の頂上《ちょうじょう》まで登りました。そこで一本の松《まつ》の木をえらんで、弟子《でし》にむかってこういいました。

「この松《まつ》の木の下に、わたしの入るひつぎ（死者をほうむるための箱）を作ってくれ。そのひつぎは、前後、左右、上下へ、炭《すみ》をつみ重ねたものをたのむ」

ひつぎがかんせいして、とうとう万蔵《まんぞう》さまが、生きたまま土に入る日がやってきました。この時万蔵《まんぞう》さまは八十一才《さい》でした。

「ちょうど三年三か月後に、ほりおこしてくれ。わしがふたたび世にでるころには、みんなが不安《ふあん》のないゆたかな生活ができているようにいのるよ」

万蔵《まんぞう》さまは、そういいのこして、ひつぎに入りました。弟子《でし》や村人は、悲しくてなみだがでそうになりました。しかし、とうとい行いをしている万蔵《まんぞう》さまを止めることはできません。

弟子《でし》は、万蔵《まんぞう》さまが土の中でも息《いき》ができるよう、ひつぎに、ふしをぬいた竹のつつをさしこみました。それからひつぎ全体に、ていねいにていねいに土をかぶせました。

竹のつつからは、万蔵《まんぞう》さまのお経《きょう》（仏教《ぶっきょう》の教えの文章）を読む声と、鈴《すず》の音がひびいてきます。弟子《でし》と村人は、いく日も耳をすませて、その音をきいていました。しかしある時をさかいに、声も鈴《すず》の音もピタリと止んでしまい、二度ときこえてくることはありませんでした。

三年三か月後、遺言《ゆいごん》にしたがって、弟子《でし》たちは、そっと土をほりおこしていきました。見守《まも》っている大ぜいの村人たちは、みなドキドキして、ひと言もしゃべる者はいません。

ついにひつぎの中から、即身仏《そくしんぶつ》となった万蔵《まんぞう》さまがあらわれました。弟《で》

子《し》と村人たちは、いっせいに手をあわせます。万蔵《まんぞう》さまはとてもおだやかなお顔をされていました。

がらみき稲荷《いなり》には、新しい衣《ころも》をきた万蔵《まんぞう》さまの即身仏《そくしんぶつ》が、まつられました。それからというもの、このあたりの村人たちがうえることはなくなりました。万蔵《まんぞう》さまのいのりが天にとどいたのでしょう。

村人たちは、即身仏《そくしんぶつ》になった万蔵《まんぞう》さまのことをしたって、がらみき稲荷《いなり》のことを「万蔵《まんぞう》さま、万蔵《まんぞう》さま」とよびました。それで神社の名前が、「がらみき稲荷《いなり》」から、「万蔵稲荷《まんぞういなり》」に変《か》わったということです。

今でも、国見《くにみ》町の小坂峠《こさかとうげ》を登った先には、「万蔵稲荷《まんぞういなり》」があります。山の奥《おく》にもかかわらず、百本以上《いじょう》ものまっ赤な鳥居《とりい》がずらりとならんでいる、とてもりっぱな神社です。万蔵稲荷《まんぞういなり》におねがいをすると、金《きん》運が上がって、生活がゆたかになるというので、おまいりに来る人が後《あと》をたちません。

万蔵稲荷《まんぞういなり》は、位置《いち》としては宮城《みやぎ》県にたっていますが、「小坂峠《こさかとうげ》の万蔵《まんぞう》さま」として、福島《ふくしま》の国見《くにみ》にもその伝説《でんせつ》がのこって、語りつがれてきました。むかしの国見《くにみ》の人たちは、万蔵稲荷《まんぞういなり》にたびたびおまいりに行って、万蔵《まんぞう》さまの即身仏《そくしんぶつ》をおがんだそうです。

しかし大正《たいしょう》時代、東京で万国大博覧会《ばんこくだいはくらんかい》があった時に、どうしたわけか、万蔵《まんぞう》さまの即身仏《そくしんぶつ》が出品《しゅっぴん》されてしまい、その後ゆくえ知れずとなりました。外国にわたってしまったのではないかともうわさされましたが、今もゆくえ不明《ふめい》のまま、見つかっていません。

万蔵《まんぞう》さまの即身仏《そくしんぶつ》が消えてもなお、万蔵《まんぞう》さまが苦しんでいる人びとをすくいたいというのった気もちは、この地にのこっています。そのため今でも、万蔵稲荷《まんぞういなり》の霊験《れいげん》はあらたかで、おまいりする人たちのねがいごとをきいてくれています。いつか万蔵《まんぞう》さまの即身仏《そくしんぶつ》が見つかって、万蔵稲荷《まんぞういなり》にもどってくるといいですね。

月夜の猫《ねこ》おどり

——二本松市《にほんまつし》

むかし、二本松《にほんまつ》の松岡《まつおか》というところに、大きなおやしきがありました。このあたりで大きな酒《さか》ぐらをいくつももっている「さけや」です。二本松《にほんまつ》は、安達太良《あだたら》山から流れるふくりゅう水《すい》という、きよらかな水と、すんだ空気があり、よいお米がとれるので、とてもおいしいお酒ができるのです。

そのやしき内には、何軒《なんけん》もの家がたっています。そのうちの一軒《いっけん》の小さな家には、杜氏《とうじ》（お酒づくりの職人《しょくにん》）の与五郎《よごろう》さんがひとりですんでいました。やしき内の一番奥《いちばんおく》、観音《かんのん》山の近くには、大きくて古い家がありました。今はだれもすんでいないので、空き家になっていたのです。

そのころのトイレは「かわや」といって、たいていは家の外にありました。かわやの入口には、手をあらうための大きな石がおいてあります。石のまん中のくぼみに雨水《あまみず》がたまるので、その水で手をあらい、竹のえだにかけた手ぬぐいで手をふくのです。

家の外にあるのですから、夜はまっくらで、冬でなくてもブルブルふるえてしまいます。夜中におきてかわやへ行くのは、大人でも大変《たいへん》に勇気《ゆうき》がいることだったのです。そんなわけで与五郎《よごろう》さんは、夜はなるべくかわやへ行かないよう、朝が来るまでがまんしていることが多かったのでした。

ある日の朝、与五郎《よごろう》さんがかわやで用をすませてちゃぷちゃぷと手をあらい、さて、手をふこうとすると、かけてあるはずの手ぬぐいがありません。風でとばされたのだろう、と思った与五郎《よごろう》さんは、しかたがないので自分のきもののそでで手をふき、新しい手ぬぐいをかけておきました。

その次の朝、与五郎《よごろう》さんが用をすませ、手をふこうとすると、また手ぬぐいが消えています。

「あれれ？ また風でとんだのかな」と思った与五郎《よごろう》さんでしたが、前の晩《ばん》は風もなくおだやかでした。気のせいかもしれない、と与五郎《よごろう》さんは首を横《よこ》にふり、やはりきもののそでそっと手をふいて、新しい手ぬぐいをかけておきました。

手ぬぐいが消えるようになって三日目の朝のこと。与五郎《よごろう》さんがかわやへ行くと、やはり手ぬぐいが消えていました。

いよいよおかしい、と思って、与五郎《よごろう》さんは仲間《なかま》にきいてみましたが、

「与五郎《よごろう》さん、よっぱらってどこかへ投げたんじゃねえか？」といわれて

しまいました。そうです。与五郎《よごろう》さんはお酒が大すきだったのです。たしかに前の晩《ばん》はお酒を飲みすぎたのかもしれません。

「そうかなぁ？　そうかもしれないな」

与五郎《よごろう》さんは、気のせいだと思うことにしました。

その夜のことです。

外はこうこうとかがやく満月《まんげつ》でした。あんまり月がきれいなので、与五《よご》郎《ろう》さんは、外にでてみました。

「やあ、黄金《こがね》色の月だ。いいお酒の色のようだ」

与五郎《よごろう》さんは、月の光にさそわれるように、酒《さか》ぐらの方へ歩きだしました。そこにはお酒がなみなみと入った、木でできたたるが、ずらりとならんでいます。

「今年もうまい酒ができるといいな」

与五郎《よごろう》さんは、目を細めてしばらくたるをながめていました。こうしてながめていると、どうしても中が見たくなります。与五郎《よごろう》さんは、たまらずに、たるのふたを開けてしまいました。いいかおりです。お酒を見たら飲んでみたくなるのが与五郎《よごろう》さん。さっそくひしゃくをつっこんで、お酒をくみだしました。

「味見だよ。あじみ」

ニンマリとしてつぶやき、くいっ、と一気に飲みほしました。

「あぁ、うまい！　満月《まんげつ》を飲んだ気分だ。たまらん、たまらん。もういっぱい」

与五郎《よごろう》さんは、ひとりで月夜にかんぱいし、ぐいぐい飲みつづけました。

いい気分になった与五郎《よごろう》さんは、観音《かんのん》山の方角へ向かって、ふらりふらりと歩きはじめました。山のふもとには、古くてだれも近づかない大きな空き家があります。

すると、空き家の方から音がきこえてきました。

「なんの音だろう？」

与五郎《よごろう》さんは、耳をすましました。

月はますますさえて、あたりを昼《ひる》間のようにてらしています。

トンコトンコ　トンコトンコ

ドンコドンコ　ドンコドンコ

「おかしいな。ここにはだれもすんでいないはずだが……だれかいるのかな？」

与五郎《よごろう》さんは、戸のふし穴《あな》からおそるおそる中をのぞいてみました。

「まさか、どろぼうじゃないよな」

家の中は月明かりでほのかに見ることができます。ふしぎな音は、やはりここからきこえてくるようです。

「ん？」

穴《あな》の奥《おく》にはたくさんの人かげが見えました。けれども動いているかげのかたちが、どうも人間ではないようです。与五郎《よごろう》さんは、もっとよく見ようと、目をふし穴《あな》にぴったりくっつけて見てみました。音はますます大きくなりました。

トンコトンコ　トンコトンコ

ドンコドンコ　ドンコドンコ

「わぁっ!!」

思わず口をふさいだ与五郎《よごろう》さんが見たものは！

家の中には大ぜいの猫《ねこ》がいました。一《いっ》ぴき、二ひき、三びき……十一、十二、十三びき……。与五郎《よごろう》さんは数えるのをやめました。どうやら近所中の猫《ねこ》がみんな集まっているようです。そうして、人間のように二本足で立って、足をふみならし、歌を歌っているのです。にぎやかな音の正体はこれでした。

おかしなことに、猫《ねこ》たちは、みんな頭に手ぬぐいをかぶっていました。

どこかで見たような「さけや」とそめてある手ぬぐいもありました。

そのうち、一ぴきの大きな黒猫《ねこ》がさけびました。

「さけやの三毛《みけ》さんにつづけー!!」

すると、白猫《ねこ》もキジ猫《ねこ》もトラ猫《ねこ》もいっせいにおどりだしました。

「いぇーい!」

猫《ねこ》たちはノリにのっています。舞《ま》い上がっています。

「ヤレヤレヤレヤレ」

「わっしょい! わっしょい!」

とくにさけやの三毛《みけ》は、とくいになって、猫《ねこ》たちのまん中で手をふり、足をくねらせておどっています。

猫《ねこ》たちのすがたは、秋に行われる二本松《にほんまつ》の「ちょうちん祭《まつ》り」の若蓮《わかれん》にそっくりです。各字《かくあざ》ごとに「そろい」とよばれるゆかたをきて、三日三《みっかみ》晩《ばん》、たいこをたたき笛をふき、かねを鳴らしながら、急な坂道の多い二本《にほん》松《まつ》のとおりもなんのその、力をあわせてつなを引っぱり、たいこ台を引き回す若者《わかもの》たちです。

「わっしょい! わっしょい!」

猫《ねこ》たちの「そろい」は手ぬぐいです。字《あざ》ごとにそれぞれ輪《わ》になって、夢《む》中《ちゅう》でおどっています。猫《ねこ》たちの目は、ぎらん、と満月《まんげつ》のようにかがやきました。月の光にてらされて、手ぬぐいまでひらひらり、とおどっているのです。

ふと、大きな黒猫《ねこ》が与五郎《よごろう》さんののぞいている穴《あな》に気づきました。与五《よご》郎《ろう》さんは、にげようとしましたが、なぜかからだが動きません。黒猫《ねこ》のメノウ（シマもようのある宝石）のような目が与五郎《よごろう》さんに近づいてきます。

「く、来るな。来るな」

与五郎《よごろう》さんは、なんとか穴《あな》から目をはなすことができました。そうして「うわぁー！」とさけぶなり、後《あと》も見ずにかけだしました。

満月《まんげつ》の夜は、猫《ねこ》たちのお月見だったのでしょうか。ねずみをたくさんつかまえた猫《ねこ》たちの、豊作《ほうさく》をいわうお祭《まつ》りだったのでしょうか。どうやらおどりは、一晩中《ひとばんじゅう》つづいたようです。

明くる日、与五郎《よごろう》さんがかわやへ行くと、何ごともなかったように、手ぬぐいが竹のえだにちゃんとかけてありました。与五郎《よごろう》さんは、「夢《ゆめ》か……」とひと言つぶやき、空を見上げました。

次の日から、手ぬぐいがなくなることはもうありませんでした。

船形《ふながた》山の天狗《てんぐ》

――二本松《にほんまつ》市

むかし、舟形石《ふなかたいし》の善応寺《ぜんおうじ》（ぜんのうじ、ともよびます）に、残夢《ざんむ》というお坊《ぼう》さんがおりました。このお寺の五代目の住職《じゅうしょく》になるそうです。

鎌倉幕府《かまくらばくふ》をつくった源 頼朝《みなもとのよりとも》の弟、源 義経《みなもとのよしつね》は、兄の頼朝《よりとも》と仲《なか》が悪くなり、家来《けらい》の武蔵坊弁慶《むさしぼうべんけい》と東北の地にのがれてきました。その時のもうひとりの家来《けらい》が、このお坊《ぼう》さんだといわれています。常陸坊海尊《ひたちぼうかいそん》とよばれていました。義経《よしつね》は子どものころは牛若丸《うしわかまる》といい、鞍馬《くらま》山という山で、天狗《てんぐ》とたたかったこともある、大変《たいへん》いさましい武士《ぶし》（さむらいのこと）でした。

そんな主人に仕《つか》えていたというこのお坊《ぼう》さん。実は、正体は天狗《てんぐ》だということなのですが。

夏のはじめのある日。

残夢《ざんむ》は、お寺の小僧《こぞう》さんにこういいました。

「明日は、京都《きょうと》の祇園祭《ぎおんまつ》りにつれていってやろう」

「ほんとうですか!?」

小僧《こぞう》さんは、「お祭《まつ》り」ときいて大よろこびしました。しかも行く先は、はなやかな都《みやこ》です。

「でも、京都《きょうと》といったらずいぶん遠いです。歩いたら何日もかかりますよ。馬にでも乗るのですか?」

「さぁ、どうやって行くかな」

残夢《ざんむ》は、にこにこして小僧《こぞう》さんを見ています。

小僧《こぞう》さんは、明日のことを考えると心臓《しんぞう》がポカポカして、夜はよくねむれませんでした。

やっと待ちかねた朝が来ました。風のないおだやかな朝です。

「どうれ、京都《きょうと》へ行くぞ」

残夢《ざんむ》は、大きな手で小僧《こぞう》さんをヒョイとかかえて法衣《ほうえ》(お坊《ぼう》さんがきる服)のそでにストン、といれました。そうしてあっという間に空にかけ上がりました。あまりの速さに小僧《こぞう》さんは目を回しました。風が耳元でびゅうびゅうなっています。おそるおそるそでのすきまからのぞいてみました。

「すごい! すごい! お寺があんなに下にあるぞ」

安達太良《あだたら》山も阿武隈《あぶくま》川も、たちまち米つぶくらいに小さくなり、やがて見えなくなりました。

コンコンチキチキ

コンチキチキ

遠くからおはやしがきこえてきます。お祭《まつ》りの時にひょうしをとる音楽です。お祭《まつ》りの屋台のひとつ、大きな山ホコが、ゆっくりと京都《きょうと》の町を何台も何台もとおります。山ホコは異国《いこく》のふしぎな絵がぬいつけられた布《ぬの》でおおわれていました。

ホコには、小僧《こぞう》さんと同じくらいの年の、きかざった男の子がお人形のように乗っています。あざやかな赤と金《きん》につつまれ、ぴかぴか光っています。見物人もたくさんいました。小僧《こぞう》さんはよく見ようと背《せ》のびしましたが、大きな人の背中《せなか》がじゃまをして、ツギハギのようにしか見えません。

そこで残夢《ざんむ》が軽々と小僧《こぞう》さんをかた車《ぐるま》しました。

「わぁ、よく見える。よく見える」

小僧《こぞう》さんは、ほほをまっ赤にして手をたたいて大よろこびです。おまけに残夢《ざんむ》は、おみやげに京都《きょうと》のめずらしいおかしまで買ってくれました。七つのお香《こう》をねりこんだ米のこなに、あんこをいれてきんちゃく形につつみ、ゴマ油であげたものです。

小僧《こぞう》さんは、もうどうしていいかわからないくらい大はしゃぎです。

「さぁ、帰るぞ」と残夢《ざんむ》にいわれた時には、まゆげが「への字」に下がってしまいました。まだまだ都《みやこ》で遊んでいたかったのです。

残夢《ざんむ》は、来た時と同じように小僧《こぞう》さんをそでにいれて空をひとっとび。たちまち舟形石《ふなかたいし》についてしまいました。まるで流星《りゅうせい》のようです。これがたった一日のできごとでした。

小僧《こぞう》さんは、村の人たちに、

「京都《きょうと》に行って祇園祭《ぎおんまつ》りを見てきたよ。大ぜい人がいたよ」といったのですが、だれも相手にしてくれません。

「何をねぼけているんだ」

「大かた京都《きょうと》見物に行った和尚《おしょう》さんの話でもきいたんだろう」

そこで小僧《こぞう》さんは「ほら、都《みやこ》のおかしもあるんだ」と、村人のひとりに見せて一口《ひとくち》味見をさせたところ、

「こんなうまいもん、食べたことないな。見たこともないな」とびっくり。

すると「おれにも」「わたしにも」と村人がおかしをうばいあい、ようやくみんなしんじてくれました。

「それにしても……」小僧《こぞう》さんは考えました。一日で京都《きょうと》を行ったり来た

天狗？
南無阿弥陀仏

りするなんて、空をとぶ天狗《てんぐ》にしかできないことです。小僧《こぞう》さんは、柱のかげからそっと残夢《ざんむ》を見てみました。背《せ》たけはたしかに高いのですが、天狗《てんぐ》のように羽根がはえているわけでも、鼻《はな》がグーンとのびているわけでもありません。

「ふしぎだなぁ」と思ったところ、残夢《ざんむ》がふとふりむいて小僧《こぞう》さんを見て、まじめな顔でうなずきました。

また、こんなこともありました。

お寺の前を流れる阿武隈《あぶくま》川から、舟《ふね》に乗っておそう式《しき》を知らせる使いの人が来ました。

「お坊《ぼう》さんをよんできてください」と、泥海《トロミ》という集落の人からたのまれて、川をわたってきたのです。

「お坊《ぼう》さま。さあ、舟《ふね》に乗ってください」

すると残夢《ざんむ》はこう答えました。

「わたしはまだ寺に用があるので、先に行ってください」

「いやいや、せっかくむかえに来たのだから、どうぞ乗ってください」

「いや、わたしはあなたより先につきますよ」

残夢《ざんむ》がなぞのようなことをいうので、しかたなく使いの人は舟《ふね》で帰ってしまいました。

さて、使いの人がおそう式の家につくと、そこにはひとりのお坊《ぼう》さんがすわっていました。

「あれ？　別《べつ》のお坊《ぼう》さんをよんだのかな？」と思って顔を見てみると、「南《な》無《む》ナム～」とお経《きょう》（仏教《ぶっきょう》の教えの文章）を上げているのは、たしかにさっきむかえに行った残夢《ざんむ》です。

「ど、どうやってこんなに早くついたのですか？」

ときくと、残夢《ざんむ》はすました顔でお経《きょう》を上げているばかりです。

それから、こんなこともありました。

この時代の家の屋根は、カヤとよばれる草でできていました。古くなった屋根を新しくするには、たくさんの人が力をあわせて、一度にカヤをとりかえなければなりません。

残夢《ざんむ》は、屋根に登ってカヤをつんでいる村人に声をかけました。

「もう屋根からおりてもいいですよ」

「お坊《ぼう》さま。まだカヤをそろえてないんだけども」

「だいじょうぶ。だいじょうぶ」

残夢《ざんむ》は屋根にひらりと上がると、何やらじじゅ文をとなえて屋根に火をつけました。

「お坊《ぼう》さま、なんてことすんだ！」

「家がもえちまうぞ！」

村人がわぁわぁさわぎだすと、

「よいかな。よいかな」

残夢《ざんむ》はふたたびじゅ文をとなえてそでをふりました。するとぼうぼうもえる火は、水をそそいだようにたちまち消えてしまいました。

「これでよし。このままススをはらってごらん」

村人が、屋根のススをはらってみると、ハサミをいれたように、きれいにかりこまれたかやぶきの屋根があらわれました。

「火をあやつるなんて、やっぱりあのお坊《ぼう》さまは、天狗《てんぐ》にちがいない」

「火事をふせぐことのできる火伏《ひぶせ》の神さまとしておまつりしよう」

そこで境内《けいだい》には、火事にならいよう守《まも》ってくれる神さまのお堂《どう》がたてられました。

「善応寺《ぜんおうじ》の残夢《ざんむ》は天狗《てんぐ》だ」といううわさがますます広まったある日のこと。

雲堂《うんどう》という和尚《おしょう》さんと残夢《ざんむ》が囲碁《いご》を打っていました。

なごやかに碁《ご》を打っていたふたりですが、雲堂和尚《うんどうおしょう》が残夢《ざんむ》に向かってこうたずねました。

「お前は、ほんとうは常陸坊海尊《ひたちぼうかいそん》ではないのか?」

すると残夢《ざんむ》はぐっと雲堂《うんどう》をにらみ、碁石《ごいし》を投げ打って立ち上がりました。その時から残夢《ざんむ》はとつぜんすがたをくらまし、二度と舟形石《ふなかたいし》の人の目にふれることはありませんでした。

残夢《ざんむ》はいったいどこに消えてしまったのでしょうか。仙台の青麻《あおそ》という地にとんだ、と伝《つた》える人もいますが、天狗《てんぐ》は正体がバレると、どこかへ消えてしまうそうです。

もしかしたら、残夢《ざんむ》は本当に天狗《てんぐ》だったのかもしれません。

今から千年も前のお話です。

鈴《すず》の鳴る石

――二本松市《にほんまつ》

むかし、石井村《いしい》の小高いおかの上に、二メートルはある大きな石がありました。安達太良山《あだたら》からとんできたのか、大男がどこからか運んできたのか、とにかく大きな石でした。

おかの上には、石からはえたように一本の桜《さくら》の木があり、春にはよいお花見の場所になります。たくさんの村人がごちそうを食べ、お酒を飲んで一日ゆかいにすごすのです。

さて、村人の間ではいつのころからか、こんな話が交《か》わされるようになりました。

「きのう、あの石の近くをとおったら音をきいたぞ」

「お前もか。おれもきこえた」

「きれいな音でなぁ」

「ああ、コロコロと玉を転がすようないい音で」

「おれはシャラシャラってきこえた。ほれ、あの巫女《みこ》さんが鳴らすような

Teru.

鈴《すず》の音」

「いいや、リンリンだ。虫が鳴いているような音だ」

「うんにゃ、どれもちがう！」

村人はああでもない、こうでもないと、次々とうわさ話をしました。

こんな話がありました。

親にけっこんをゆるされなかった美しい娘《むすめ》が、小高いおかに登り、相手の男がいる村の方を見ながら、さめざめと泣《な》いていました。毎日毎日泣《な》きつづけているうちに、とうとうそのまま石になってしまったそうです。美しい鈴《すず》の音は、もしかしてその娘《むすめ》の泣《な》き声かもしれません。

悲しい話はもっとあります。

となりの村からお金《かね》のある家にお手伝《てつだ》いとしてほうこう（ほかの家にすんで家のことや商売を手伝《てつだ》うこと）にだされた少女が、ある日、ようやく休みがとれて実家に帰ろうと、山をこえて歩いていました。ちょうど実家とほうこう先の村とのまん中の場所につきました。そこは頂上《ちょうじょう》に近く、下に広がる村がずっと遠くまで見わたせました。田んぼのみどりが美しい季節《きせつ》でした。少女は、ほうこう先でのいじめがつらくてつらくて、実家に帰りたい、といつも思っていたのです。

「あぁ、このまま帰らないで、こうしてずっと美しい景色《けしき》を見ていられたらどんなにいいだろう」

少女は実家に帰るうれしさよりも、つらい生活にはもうもどりたくない、という思いの方が強くなり、切《せつ》なくなってしまいました。右へ行けば実家へ帰る道、左は今きた村への道です。

「このまま何も考えないでここにいたい」とねがった少女は、ころりと横《よこ》になるとそのまま動かなくなりました。少女はそれっきり石になってしまったのです。

それがこの石のことかもしれません。

何しろ石からは、音がするのです。それもきく人によってちがう音のようです。石をわってみれば何かわかるかもしれません。けれども、むやみに石をきずつけてしまって、「たたり」でもあったら大変《たいへん》です。

そんなわけで、村人のだれひとりとして、どうして音がなるのかさぐろうとはしませんでした。

ある日のこと。

ひとりの若者《わかもの》がおかの上をにらんでいました。

あたりにはだれもいません。虫一《いっ》ぴきいません。しん、としています。

時どき風の音がするだけです。

若者《わかもの》は、首をひねりながらそっと石に近づきました。

すると。

り、りりり、りーん
まるで若者《わかもの》にきかせるように鈴《すず》の音がひびきました。それはもう、この世のものとは思えない、うっとりするような音色《ねいろ》です。たしかに石の中からきこえました。

若者《わかもの》はうで組《ぐ》みをしてつぶやきました。

「うーん。やっぱり。この石の中には何かある」

ためしに石をなでてみました。

石は、みどり色のコケを点々とかぶり、ところどころキラキラ光りながらじっとしています。

「おぉい。だれかいるのかぁ?」

大声で石にきいてみました。

「いたら返事をしろ〜」

石はますますじっとして、若者《わかもの》を見つめています。

「何かいるのか。生き物か、それとも……」

若者《わかもの》は、どうして音がなるのか、知りたくて知りたくてたまらなくなりました。気になると夜もねむれません。

「村のみんなは、たたりをこわがっているようだが」

真夜中にふとんの上にあぐらをかいて「よし！」と決心しました。


朝になると、若者《わかもの》は石屋から槌《つち》（物をたたく道具・ハンマー）をもちだしてきました。石工《いしく》といって、石を切りだす仕事をしている若者《わかもの》は、どこをどうたたけば石がわれるのか、石目《いしめ》というものがよくわかっています。

若者《わかもの》は、元気よく石のあるおかへ登っていきました。遠くでひばりが鳴いていました。

そうして石のまわりをぐるりと回り、「このへんかな？」とねらいをつけて大きくふりかぶりました。

ヒュン！

「ええい！」

力をこめて槌《つち》をふりおろすと、かたい手ごたえがありました。

ガァーン!!　!!

ものすごい音が山々にこだましました。まるで大きな雷《かみなり》でも落ちたようです。

若者《わかもの》の手はじんじんしびれています。大きな石は、見事まっぷたつにわれました。

「ふう、いったい何が入っているのかな」

若者《わかもの》はあせもふかずに、急いでふたつになった石を見てみました。

ところが。

「あれれ？」

石の中にはなんにもありませんでした。そのへんにある音の鳴らない石と、中身はまるで同じだったのです。

若者《わかもの》はがっかりして石を見つめ、ため息《いき》をつきました。

「いったいなんだったのかなぁ」

それっきり石は、音をださなくなったということです。

ところで、中がどうなっているのか知りたかったのは、若者《わかもの》だけではありませんでした。

「おれも中がどうなっているのか見たかったんだ」

「おれも見たかったな」

「そっとしておけばいいのに。よけいなことをして」

「鈴《すず》の音がきこえなくなったじゃないか！」

「た、たたりなんてないよね」

「ほんとうに何にもでてこなかったのかい？　かくしちまったんじゃないかい？」

などと、村人は口ぐちにいいましたが、石にはちょうど鈴《すず》のようなわれ目《め》がのこり、これはこれで村の宝《たから》になりました。このあたりの土地を「鈴《すず》石《いし》」とよぶようになったのは、こんなことがあったからなのです。

鈴石《すずいし》神社の西がわの道を登っていくと、小高いおかの上に、大きな鈴石《すずいし》があります。

風がふくと、かすかに音がするようだ、といった村人もいますが、それがなんの音なのか、わかる人はいないのです。

安《あ》達《だち》ヶ《が》原《はら》の鬼《おに》ばばぁ

――二《に》本《ほん》松《まつ》市安《あ》達《だち》

阿《あ》武《ぶ》隈《くま》川のほとりの安《あ》達《だち》ヶ《が》原《はら》は、いちめんススキの原っぱでした。あたりには家もなく、夜になるとまっくらで人がとおることはめったにありません。

ある風の強い夕ぐれのことでした。

井《い》駒《こま》之《の》助《すけ》と恋《こい》衣《ぎぬ》という若《わか》い夫《ふう》婦《ふ》が、京《きょう》都《と》から旅《たび》をしていました。安《あ》達《だち》ヶ《が》原《はら》にたどりついたふたりは、立ち止まってあたりを見回しました。あれた原っぱには、気味の悪い風がごうごうと音をたてているだけです。

恋《こい》衣《ぎぬ》は心細くなり、井《い》駒《こま》之《の》助《すけ》にしがみつきました。

「どうしましょう。もうすぐ陽が落ちてしまいます」

「夜にはまっくらになってしまう。このあたりに家はないものか」

ふたりが遠くを見ると、うすぐらくなった原っぱに明かりがぽつんとつきました。

「ありがたい。人がすんでいるようだ」

ふたりは明かりをめざして歩きました。

井駒之助《いこまのすけ》が、かたむきかけた家の戸をたたくと声がしました。

「どなたですか？」

「ふたりで旅《たび》をしているものですが、どうか今晩《こんばん》ここにとめていただけませんか」

「どうぞ。お入りください」

井駒之助《いこまのすけ》が戸を開けると、ひとりのおばあさんがいろりの前にすわっていました。

「外は寒かったろうに。さあさあ。ここに来てあたたまりなさい」

おばあさんは、やさしい声でふたりを家にいれました。いろりの火がぼっと青白くもえました。

「せまい家だけどね。ゆっくりお休み」

「はい。ありがとうございます」

ふたりはほっと、息《いき》をつきました。

その夜のこと。井駒之助《いこまのすけ》は夜中にふと目をさましました。なんだかみょうな音がきこえるのです。

シュッシュッ　シュッシュッ

「なんの音だろう?」井駒之助《いこまのすけ》が音のでる方へ行こうと立ち上がったとたん、となりでねむっていた恋衣《こいぎぬ》が急に苦しみだしました。

「恋衣《こいぎぬ》! どうした?」

井駒之助《いこまのすけ》の声をきいて、おばあさんが恋衣《こいぎぬ》の様子《ようす》を見にきました。

「これは大変《たいへん》だ!」

おばあさんの大きな声に、井駒之助《いこまのすけ》はおろおろするばかりです。

「早く早く。村まで行って薬草をわけてもらいなさい」

井駒之助《いこまのすけ》は、あわててまっくらな原っぱにとびだしていきました。

おばあさんは、おなかをおさえて苦しむ恋衣《こいぎぬ》の背中《せなか》をさすっていいました。

「すぐに水をもってくるからがまんしなさい」

恋衣《こいぎぬ》は、うなり声しかでません。後《あと》はただ、うなずくだけでした。

「待たせたな」

やがてもどってきたおばあさんの声は、がさがさとして、かれ葉《は》をふんだようでした。うすく目を開けた恋衣《こいぎぬ》の目に、ぎらり、と何かが光りました。

「さあ! 動くんじゃないよ! じっとしてな」

　血ばしった目をかっと見開いたおばあさんの手には、よく研《と》いだ出刃包《でばぼう》丁《ちょう》がにぎられていました。井駒之助《いこまのすけ》がさっききいたみょうな音の正体は、おばあさんが包丁《ほうちょう》を研《と》ぐ音だったのです。

「おまえのイキギモをよこせ!!」

　おばあさんは、恋衣《こいぎぬ》を両手でおさえつけると、出刃包丁《でばぼうちょう》をそのおなかにぐさり、とつき立てました。

「ううっ……」

　息《いき》もたえだえの恋衣《こいぎぬ》は、かすれた声でこういいました。

「わたしは……母をさがして陸奥《みちのく》まで来ました。いわて、という人を知りませんか。もしその人に会えたら、娘《むすめ》の恋衣《こいぎぬ》は死んだ、と伝《つた》えてください」

「いわて……?」

「おねがいします……このお守《まも》りを……」

　恋衣《こいぎぬ》は、そういうと息《いき》をひきとりました。

　おばあさんがお守《まも》りぶくろを見ると、遠いむかしにまちがいなく自分の娘《むすめ》にあげたお守《まも》りです。もうずいぶん会っていなかったので、成長《せいちょう》した娘《むすめ》の顔を思いだせなかったのです。

「この娘《むすめ》がわが子だったとは……なんということだ!　わが子をこの手で

ころしてしまった」

おばあさんは、血のついた両手で顔をおおいました。

その時、恋衣《こいぎぬ》が死んでしまったことも知らず、村から薬草を手にいれた井駒之助《いこまのすけ》がようやく帰ってきました。

血にまみれ、むざんなすがたになってしまった恋衣《こいぎぬ》を見て、井駒之助《いこまのすけ》はさけびました。

「恋衣《こいぎぬ》！　なんということだ」

もはやこれまでと、井駒之助《いこまのすけ》は自分のはらをさして恋衣《こいぎぬ》の後《あと》を追ってしまったのです。


恋衣《こいぎぬ》の母と知った、このおばあさんは「いわて」といって、若《わか》いころに京《きょう》の都《みやこ》で身分の高いお姫《ひめ》さまのお世話をしていました。大変《たいへん》かわいらしいお姫《ひめ》さまだったのですが、生まれた時から重い病《やまい》にかかっていて、どんな薬草もききませんでした。神さまや仏《ほとけ》さまにおいのりしてもなおらなかったのです。

すると、ひとりのうらない師《し》がやってきて、

「この病《やまい》をなおすには、イキギモといって、生きたままの人間のキモを食

べさせなければならない」と予言《よげん》しました。

いわては、生まれた時からかわいがっている姫《ひめ》のため、どうしてもイキギモを食べさせなければならない、と思いつめました。人の目につく都《みやこ》では、イキギモをとることはできません。いわては、新しいイキギモをもとめて、はるか遠く陸奥《みちのく》の安達ヶ原《あだちがはら》までやってきたのです。それから毎《まい》晩《ばん》、若《わか》い旅人《たびびと》が来るのを待っていました。そうして待ちかねた旅人《たびびと》が、井《い》駒之助《こまのすけ》と恋衣《こいぎぬ》だったのです。

おそろしいことに、手にいれたイキギモは自分の娘《むすめ》のものでした。

いわてはかみの毛をかきむしり、けもののようにほえました。そうして、風がふきぬけるさびしい原っぱを、はだしでよろよろと歩きだし、やがて大きな岩《いわ》のほら穴《あな》の中に消えてしまいました。ギャアギャアと鳴くカラスのむれが、やみの空をさらにくらくしていました。

ほら穴《あな》にすみついたいわては、もう人間ではありませんでした。あさましいことに、一度食べたイキギモの味がわすれられず、しだいに人間をむさぼり食うようになってしまったのです。

いわては、安達ヶ原《あだちがはら》の鬼《おに》ばばぁとなって、道行く旅人《たびびと》をみなごろしにするようになりました。

それからどれくらい月日がたったことでしょう。

阿闍梨東光坊祐慶《あじゃりとうこうぼうゆうけい》という修行《しゅぎょう》（からだをきたえ、勉強すること）をつんだお坊《ぼう》さんが、紀伊《きい》（現在《げんざい》の和歌山県《わかやま》）から陸奥《みちのく》にやってきました。陽が落ちて安達ヶ原《あだちがはら》につき、今夜の宿をさがしましたが、ススキばかりの原っぱに家はひとつもありません。遠くを見るとわずかにゆらゆらと明かりが見えます。

「どうやら人がいるようだ」

東光坊《とうこうぼう》が明かりをめざして歩いていくと、目の前に大きな岩屋《いわや》があらわれました。中をのぞくと、ひとりのおばあさんがいました。

東光坊《とうこうぼう》は、

「こんばんは。旅《たび》の僧《そう》だが、一晩《ひとばん》とめていただきたい」

といって頭を下げました。

おばあさんはおだやかにいいました。

「どうぞどうぞ。こんな岩屋《いわや》でよければ、雨風くらいはよけられる」

「ありがたい」

そういってこしをおろした東光坊《とうこうぼう》に、おばあさんは、

「夜はうんと寒くなるから、たき木をひろってくるで」

といいました。

そうして、岩屋《いわや》から外にでる時、ふとふり返《かえ》って、東光坊《とうこうぼう》をぴたりとゆびさしました。

「あのな。奥《おく》を見てはならぬからな」

東光坊《とうこうぼう》は、おばあさんに笑顔《えがお》を見せました。

「わたしは、ここから動きませんよ」

「それがいい。それがいい」

おばあさんはうなずきながら、うら山に向かって歩いていきました。

えらいお坊《ぼう》さんとはいえ、「見るな」といわれるとよけいに見たくなるものです。東光坊《とうこうぼう》は、しばらく目をつぶっていましたが、じっとしてはいられずに、とうとう岩屋《いわや》の奥《おく》に足をふみいれてしまいました。

カラカラン

東光坊《とうこうぼう》の足に何かが当たりました。くらくてよく見えません。じっとくらやみを見つめていると、目がなれてきて足もとが見えました。何やら白いぼうのようなものが転がっています。

「うわ！　これは骨《ほね》だ。人間の骨《ほね》だ」

東光坊《とうこうぼう》は、おどろいてしりもちをついてしまいました。

さらに奥《おく》をのぞくと、血なまぐさいにおいがします。そこには、肉のこびりついた白い骨《ほね》が、岩屋《いわや》の天じょうまでつまれていました。

それを見た東光坊《とうこうぼう》は、

みちのくの安達ヶ原《あだちがはら》の黒塚《くろづか》に　鬼《おに》こもれりときくはまことか

という歌を思いだしたのです。

「鬼《おに》ばばぁだ！　ほんとうにいたのだ。これはわが身があぶない」

観音《かんのん》さまの小さなお像《ぞう》を背負《せお》い、急いで岩屋《いわや》をとびだしました。

さて、たき木を集めて岩屋《いわや》にもどってきた鬼《おに》ばばぁは、東光坊《とうこうぼう》がにげたと知ると、目をむきました。

「おのれ！　岩屋《いわや》の奥《おく》を見たな！　にがしてはおけぬ」

鬼《おに》ばばぁは、ものすごいいきおいで東光坊《とうこうぼう》の後《あと》を追いかけました。

東光坊《とうこうぼう》はどこまでも広がる原っぱを、川に向かって走りました。原っぱは永遠《えいえん》につづくかと思われました。

走りながら東光坊《とうこうぼう》は、第一のお経《きょう》（仏教《ぶっきょう》の教えの文章）をとなえました。

「おんころころ　せんだり　まとうぎ　そわか」

すると、鬼《おに》ばばぁは、足を止めました。けれども川をこえないうちに鬼《おに》

ばばぁは、またおそろしいいきおいで追いかけてきて、東光坊《とうこうぼう》のきものの
そでをつかみそうになりました。
東光坊《とうこうぼう》は、第二のお経《きょう》をとなえました。
「おんあびら　うんけん　ばさら　だどばん」
鬼《おに》ばばぁは、谷の前で足を止めました。けれども鬼《おに》ばばぁは、たちまち
追いついて東光坊《とうこうぼう》の足首をつかもうとしました。
東光坊《とうこうぼう》は、息《いき》もたえだえに第三のお経《きょう》をとなえました。
「うんたらた　かんまん」
鬼《おに》ばばぁは、坂の前で足を止めました。またしても、鬼《おに》ばばぁは東光坊《とうこうぼう》
に追いついて、その首に手をかけようとしました。
「いよいよこれまでか」
東光坊《とうこうぼう》は、背負《せお》っていた観音《かんのん》さまをおろして手をあわせました。
すると、観音《かんのん》さまはきらきらと光りながら天にのぼっていき、破魔《はま》（魔《ま》
力《りょく》をうちやぶること）の白真弓《しろまゆみ》を手にとり、黄金《おうごん》の矢を鬼《おに》ばばぁに向かっ
てはなちました。矢はきらめきながら、鬼《おに》ばばぁのむねにみごと命中《めいちゅう》した
のです。
鬼《おに》ばばぁは、目がさめたような顔で両手を天に向かってのばしました。

目からは血のなみだが流れていました。

「あわれなものだ。だが、観音《かんのん》さまのみこころで、鬼《おに》ばばぁは消え、いわていう女にもどったにちがいない」

東光坊《とうこうぼう》は、息《いき》たえた鬼《おに》ばばぁをそのままにしてはいけないと思い、ほら穴《あな》の近くにていねいにうめました。

やがて、そのあたりは黒塚《くろづか》とよばれるようになりました。

ぶきみに口を開けているような岩《いわ》の近くを、時おり風がふきぬけます。

その風は、千年ものむかしと変《か》わらず、ごうごうとさびしげに、鬼《おに》ばばぁの白いかみの毛のようなススキをゆらしているのです。

白旗《しろはた》のたたかい

――二《に》本松《ほんまつ》市東和《とうわ》

源頼義《みなもとのよりよし》、義家《よしいえ》親子は苦しいたたかいをしていました。

今から千年ほどむかしのことです。東北は陸奥国《むつこく》とよばれ、当時、いきおいのあった安倍《あべ》という一族が治《おさ》めていました。ところが、安倍《あべ》一族は朝《ちょう》廷《てい》（政治《せいじ》を行うところ）のいうことをきかなかったため、あちこちで反《はん》らんがおきていました。そこで、時の天皇《てんのう》、後冷泉院《ごれいぜいいん》のめいれいで、源《みなもと》の親《おや》子《こ》が軍《ぐん》をひきいて東和《とうわ》の地までやってきたのです。

安倍《あべ》一族はなかなか強く、楽なたたかいだろう、と思っていた源《みなもと》の軍《ぐん》は、負けてばかりいました。とくに、安達《あだち》の川崎《かわさき》あたりで、安倍《あべ》の兄弟、貞《さだ》任《とう》、宗任《むねとう》とたたかった時は、さんざんな目にあいました。おれた弓《ゆみ》を背負《せお》い、のこったわずかな馬で、つめたい阿武隈《あぶくま》川をわたってにげなければなりませんでした。親子は水にぬれてぼろ布《ぬの》のようになり、とぼとぼとまっくらな道を、休む場所をもとめていくしかありませんでした。ようやく明かりのともった、ある一軒《いっけん》の農家にたどりついて、一夜の宿をとることができたのです。

ねむる前に、勝つためのさくせんをたてなければなりませんでした。なんとしても勝たなければ、都《みやこ》へは帰れません。すっかりくたびれた兵《へい》たちは、火のまわりでいねむりをはじめました。

それにしても東北はなんと寒いのでしょうか。火のそばにいても、はく息《いき》は白く、手足がいたいほどつめたくなってきます。

「今ごろは、都《みやこ》も紅葉《こうよう》が終わったころでしょうか」

あまりの寒さに、義家《よしいえ》はつい弱気になり、都《みやこ》が恋《こい》しくなってしまいました。

「なんとか東北を平和な地にしたいものだ」

父の頼義《よりよし》は、義家《よしいえ》の話には応《こた》えず、ため息《いき》をついてつぶやきました。

「今夜はずいぶんと寒いな。明日にそなえて早く休んだ方がいい」

「はい」

親子は、馬を休ませて、やがてねむりにつきました。

その晩《ばん》、義家《よしいえ》は美しい夢《ゆめ》を見ました。

義家《よしいえ》は、どこかの山の中で弓《ゆみ》矢をかまえ、杉《すぎ》の大木《たいぼく》にかくれています。目の前に、美しい天女《てんにょ》が天から舞《ま》いおりてきました。まぶしくひるがえるきものに身をつつんだ天女《てんにょ》は、ハスの花が開くようにほほえむと、義家《よしいえ》にこういったのです。

「ここから東の方角に陣《じん》(軍《ぐん》が集まるところ)をかまえなさい。そうしてじっと待つのです。待てばすべてがうまくいくでしょう」

「待つだけでよいのですか?」

義家《よしいえ》はたずねようとしましたが、天女《てんにょ》は、あっというまに目の前から消えてしまいました。

はっ、として目がさめると、すでに外は夜明け近くの青い青い空でした。

義家《よしいえ》は父をゆりおこして、力強くいいました。

「父上、東です。東に向かっていくのです!」

東の方角には、東和《とうわ》の弁天山《べんてんさん》がありました。わずか六百メートルほどの小さな山です。うっそうとしげる杉林《すぎばやし》の間には、きみょうな形の岩《いわ》がゴロゴロ転がっていました。

義家《よしいえ》は夢《ゆめ》で見たのと同じ杉《すぎ》の大木《たいぼく》近くに陣《じん》をはりました。遠くには安達《あだ》太良《たら》山がよく見えます。木の根元で弓《ゆみ》矢をかまえ、今か今か、とジリジリして待っていましたが、てきが近づいてくる様子《ようす》はいっこうにありません。

身を切るようなつめたい風がふいてきます。しびれを切らした兵《へい》たちが山をおりようとするのを、義家《よしいえ》は止めました。

「待て待て。待つのだ」

そのころ、安倍《あべ》兄弟は大軍《たいぐん》をひきいて弁天山《べんてんやま》に向かっていました。勝ってはいるものの、相手は大変《たいへん》に強いといわれている源氏《げんじ》の軍《ぐん》です。中でも義家《よしいえ》は、八幡太郎義家《はちまんたろうよしいえ》という、いさましいことで知られた武士《ぶし》（さむらいのこと）です。兄弟は、心の中では大変《たいへん》おそれていました。勝っているのがふしぎなくらいだったのです。

「ゆだんするなよ」

兄弟は兵《へい》たちに声をかけました。源氏《げんじ》の兵《へい》が、木のうしろやしげみの奥《おく》にひそんでいるかもしれないのです。

やがて弁天山《べんてんやま》が見えてきました。

「あれは……」

兄弟は立ち止まりました。

遠くの弁天山《べんてんやま》がまっ白です。数えきれない白旗《しろはた》が林のように立っています。

その時、ごうっと大きな風がふいて、山の木々をゆらし、杉《すぎ》のえだがいっせいにしなりました。そのしなり具合は、まるで白い旗《はた》がひるがえっているようです。ざわざわとした葉《は》ずれの音は、源氏《げんじ》の軍《ぐん》の「ときの声（てきにむかってたたかいをはじめる合図《あいず》）」にきこえました。

「あれを見ろー！」

「源氏《げんじ》の白旗《しろはた》だ！」

「あの数だ！　勝ち目はないぞ！」

「うわぁーっ！」

兵《へい》たちは、さわぎだしました。

「みなの者！　ひるむな！」

兄弟がさけんでもすでにおそく、安倍《あべ》一族の軍《ぐん》は、弓矢《ゆみ》を投げだして走りだす兵《へい》たちで、たちまち大《だい》こんらんになりました。

「ひけっ！　ひけーっ！」

兄弟は、馬のたづなをぐっとしめました。いきなり首をしめられておどろいた馬は、後《あと》ずさりをはじめ、そのまま安倍《あべ》一族は全軍《ぜんぐん》をたいきゃくさせなければなりませんでした。

一方、弁天《べんてん》山で陣《じん》をはっていた源氏《げんじ》の軍《ぐん》ですが、「待つ」といったものの、てきがいっこうにせめてこないので、さすがの義家《よしいえ》も山をおりていき、急な山道をふり返《かえ》ってみました。

すると。

「あっ！」

弁天山《べんてんやま》はまっ白でした。まるで源氏《げんじ》のしるしである、たくさんの白旗《しろはた》が立っているようです。待っている間に道の雪はとけ、杉《すぎ》のえだにつもった雪がのこっていたのです。今年、東和《とうわ》にふったはじめての雪でした。待つことで、源氏《げんじ》の軍《ぐん》は弓矢《ゆみや》をまじえてたたかうことなく、てきに勝ったのです。

「てきはもどってはこぬぞ！」

「ありがたや！　わが軍《ぐん》の勝利《しょうり》だ！」

親子は、勝利《しょうり》のいわいに、山の北がわにあった大きくて平らな八間石《はちけんいし》の上にごちそうをおいて、一晩《ひとばん》飲み明かしました。

親子がいくさに勝ったことを朝廷《ちょうてい》に伝《つた》えたところ、後冷泉院天皇《ごれいぜいいんてんのう》は、山の木々が旗《はた》になったことから、この山を「木幡山《こはたやま》」と名づけ、山すその寺院を陸奥《みちのく》を治《おさ》めるという意味で、「治陸寺《じろくじ》」と名づけました。

Teru.

この白旗《しろはた》の話をもとに、東和《とうわ》の地では、お祭《まつ》りが行われるようになりました。

集落ごとに女性《じょせい》たちがぬいあわせた旗《はた》をかかげ、男性《だんせい》たちが木幡《こはた》山の参《さん》道《どう》をねり歩きます。山すそからほら貝を合図《あいず》に出発し、山の尾根《おね》をこえて、急な石《いし》だんを登り、頂上《ちょうじょう》の隠津島《おきつしま》神社に旗《はた》を奉納《ほうのう》するのです。

山のみねにひるがえる五色《ごしき》の旗《はた》は、虹《にじ》が生まれたようにあざやかです。今年の豊作《ほうさく》をいわい、来年もまた豊作《ほうさく》であるようにいのる「木幡《こはた》の旗祭《はたまつ》り」です。

旗祭《はたまつ》りの日には、かならずはつ雪がふるといわれています。義家《よしいえ》のような、強い守護神《しゅごしん》が見守《まも》ってくださることを、深《ふか》くしんじる東和《とうわ》の人びとの心が、空にとどいているのかもしれません。

かや姫《ひめ》さま

——二本松《にほんまつ》市東和《とうわ》

　平安《へいあん》という時代、藤原実方《ふじわらのさねかた》という和歌《わか》（短歌《たんか》）をよむ歌人がいました。「源氏物語《げんじものがたり》」（女性《じょせい》の作家、紫式部《むらさきしきぶ》が書いた物語《ものがたり》）の主人公光源氏《ひかるげんじ》とは、実方《さねかた》ではないのか、とうわさされるほどの美男子でした。

　ある春の日、京《きょう》の都《みやこ》の人びとが東山まで花見にでかけました。「さあ、花見だ」とみんながよろこんだその時、とつぜん雨がふりました。みんながあわてている中で、実方《さねかた》だけが少しもあわてず、雨にぬれたきものをしぼって歌をよんだのです。人びとはすばらしい歌をほめたたえましたが、実方《さねかた》のライバルである藤原行成《ふじわらのゆきなり》は、「歌はすばらしいが、その行いはどうかと思う」とあざわらいました。おこった実方《さねかた》は、行成《ゆきなり》の頭にかぶっていたかんむりをたたき落として庭に投げすててしまいました。その話をきいたこの時代の帝《みかど》、一条天皇《いちじょうてんのう》は、実方《さねかた》にこういいました。

「歌枕《うたまくら》（短歌《たんか》によくよまれる題材《だいざい》や名所）が多くある陸奥《みちのく》こそ、おまえの才《さい》のうが花開くところであろう。陸奥守《むつのもり》として東北へ行け」

こうして、はなやかな都《みやこ》でくらしていた実方《さねかた》は、人びとにおしまれながら陸奥《みちのく》の国へと旅《たび》だったのでした。

陸奥《みちのく》のいろいろな歌枕《うたまくら》の場所をたずね歩いていた実方《さねかた》は、「阿古耶《あこや》の松《まつ》」という木をさがしていました。ここだけがなかなか見つけられなかったのです。阿武隈《あぶくま》の東に六本松《ろっぽんまつ》という名木があるときき、たずねてみましたが、それは阿古耶《あこや》の松《まつ》ではありませんでした。

がっかりする実方《さねかた》に、とおりかかったひとりのおじいさんが教えてくれました。

「その松《まつ》は、出羽《でわ》の国（現在《げんざい》の山形《やまがた》県）にある」

実はこのおじいさん、木を切ってくらしている「きこり」に身を変《か》えた山の神さまでした。実方《さねかた》がこまっていたので助けてあげたのです。

そこで、実方《さねかた》は、さっそく出羽《でわ》の国へ馬を走らせ、本当の松《まつ》を見ることができました。

けれども、実方《さねかた》は帰りを急いでしまったために、馬から落ちてしまい、そのキズがもとであっけなく死んでしまいました。その時の実方《さねかた》の歌がのこっています。

陸奥《みちのく》のあこやの松《まつ》をたずねえて　身はくちびととなるぞ悲しき

（陸奥《みちのく》の阿古耶《あこや》の松《まつ》を見たいと、たずね歩いてきたが、ようやくねがいがかない、松《まつ》を見ることができたのに、ケガがもとで都《みやこ》にも帰れず、知らない土地でこの身がくちはててしまうことは悲しいことだ）

国の守《かみ》として陸奥《みちのく》に来て三年後の冬のことでした。

いっぽう、都《みやこ》では実方《さねかた》の奥《おく》さんのかや姫《ひめ》が、夫《おっと》の帰りを今か今かと待っていました。陸奥《みちのく》に行ったまま実方《さねかた》からは、いくら待っても、手紙の一通もとどかないのです。かや姫《ひめ》は、夫《おっと》のことを考えてはため息《いき》をつき、食事ものどをとおりません。夜もねむれません。そのうちだんだんやせていき、元気がなくなってきました。

「実方《さねかた》さまは、もしや、もう生きてはいないのでは……」

思いつめたかや姫《ひめ》は、陸奥《みちのく》までさがしに行こう、と決心しました。まわりの人びとは「行かない方がいい」と止めましたが、かや姫《ひめ》の気もちは変《か》わりませんでした。かや姫《ひめ》は、旅《たび》のしたくをととのえ、実方《さねかた》を追って陸奥《みちのく》へと向かったのです。

都《みやこ》ぐらしの長いお姫《ひめ》さまには、大変《たいへん》につらい旅《たび》でした。けわしい山をのぼり、深《ふか》い谷をこえ、つめたい川をいくつもわたらなければなりませんでした。夜は夜で、おそろしいけものの声におびえ、ゆっくり横《よこ》になることもできません。

なんの手がかりもないまま、かや姫《ひめ》は実方《さねかた》のすがたをもとめて山の中をさまよいました。運がよければ、どこかの農家にとめてもらうこともできたのですが、人がすんでいる里は見つかりません。

とうとうかや姫《ひめ》は道にまよってしまい、白猪森《しらいのもり》というところで、一歩《いっぽ》も動けなくなりました。目もつかれてしまって、まわりの景色《けしき》がぼんやりとしか見えなくなってしまったのです。

「このままだれもいない山の中で、ひとり死んでしまうのかしら」

かや姫《ひめ》は気をうしなっていきました。

その時、どこからともなくまっ白なイノシシがあらわれて、かや姫《ひめ》をゆり動かしました。うすく目を開けたかや姫《ひめ》は、目の前に大きな白いイノシシがいることにびっくりしてにげようとしました。

「心配いりません。わたしの背中《せなか》にどうぞ」

イノシシは首をたれて背中《せなか》を見せました。かや姫《ひめ》は、勇気《ゆうき》をだしてイノシシの背中《せなか》に乗りました。すると、イノシシは天にもかけるいきおいで、流れの速い川をこえ、二度と登れないような谷をこえて、山奥《やまおく》の美女木《びじょぎ》と

いう里にかや姫《ひめ》をつれていき、そっと背中《せなか》からおろしました。

イノシシは、里人のすがたを見ると、やがてどこかへ消えてしまいました。

「白いイノシシが美しいお姫《ひめ》さまを乗せて、天からおりてきた」

里人はおどろいて集まってきました。そうしてぐったりしているかや姫《ひめ》に、水や食べ物をあたえ、キズだらけの手足に薬草をぬり、それはそれは大事にお世話をしました。

おかげで、かや姫《ひめ》は、しばらくするとおき上がることができるようになり、ほほに赤みもさしてきました。里人のやさしい心が伝《つた》わったのか、よく見えなかった目も、だんだんと見えるようになりました。

かや姫《ひめ》はお礼に、集まってきた里人へ、遠い都《みやこ》の話をきかせました。みんな、ねっしんにきいています。何よりもかや姫《ひめ》のきものがあまりにも美しいので、ひとりの里の娘《むすめ》がすそをつまんでたずねました。

「こんなに美しいきもの、どうやって作るの？」

「絹糸《きぬいと》を織《お》って作ります。まず、糸をだす蚕《かいこ》という虫を育てることからはじめるのですよ」

「わたしたちでもできる?」

「もちろんですよ」

こうしてかや姫《ひめ》は、蚕《かいこ》のエサである桑《くわ》の木の育て方、葉《は》のとり方、蚕《かいこ》の育て方、糸のつむぎ方から、機《はた》を織《お》って布《ぬの》にするまでのあらゆるわざを里人に教えました。里人も「姫《ひめ》さま、姫《ひめ》さま」と親しんできました。

けれども、かや姫《ひめ》の本当のもくてきは、夫《おっと》の実方《さねかた》に会うことです。少し落ちついてくらすようになると、あれこれと、なやむようになりました。

「自分はこれからどうなるのだろう。このままこの山里で一生を終えるのだろうか」

親切な里人の気もちは大変《たいへん》ありがたかったのですが、かや姫《ひめ》は「都《みやこ》にとんで帰りたい。実方《さねかた》とともにくらしたい」と、思いは強くなるばかりだったのです。

こうして、いったんはなおった病《やまい》も、しだいに悪くなっていきました。こんどは、里人がどんなに手をつくしても、姫《ひめ》の病《やまい》がよくなることはありませんでした。まわりの山やまが雪でまっ白にそまるころ、かや姫《ひめ》は、夫《おっと》の実方《さねかた》とも会えず、都《みやこ》へも帰ることができぬまま、息《いき》をひきとってしまったのです。実方《さねかた》が亡《な》くなったころと同じ、寒い冬のことでした。里人はみんなで手をとりあって「姫《ひめ》さまよ、姫《ひめ》さまよ」と、声がかれるまで泣《な》きつづけました。

里人は、自分たちのために、長い間つくしてくれたかや姫《ひめ》をおまつりするため、山の頂上《ちょうじょう》に小さなお堂《どう》をたてました。これが香野姫神社《かやひめじんじゃ》です。

いつのころからか神社には、一本の桜《さくら》の木が花開くようになりました。ある時、その木のえだがとつぜん下がって、うすべに色のシダレザクラとなりました。まるで、実方《さねかた》がかや姫《ひめ》をささえて、ふたりよりそっているように見えたそうです。

夫婦桜《めおとざくら》とよばれるこの桜《さくら》は、ひっそりとした深《ふか》い山の中で、今も里のかなたを見つめているのです。

杉《すぎ》の花嫁《よめ》

――二《に》本松《ほんまつ》市岩代《いわしろ》

陸奥《みちのく》の岩代《いわしろ》の里は、広びろとして気もちのいいところでした。

「なんという美しい山や川だろう。やはり都《みやこ》とはちがうものだ」

京《きょう》の都《みやこ》から旅《たび》をしてきた清見《せいけん》は、そういって深《しん》こきゅうをしました。

都《みやこ》を出発した時は、梅《うめ》の花がさいていましたが、北へ北へとやってきた陸奥《みちのく》は、黄色い野菊《のぎく》のかおりがしました。

清見《せいけん》は体力のある若者《わかもの》ですが、長い旅《たび》のために、足はぼうのようにカチカチになりました。のどもかわいていました。

「どれ、少し休もう」

ふと見ると、道ばたにこんこんと泉《いずみ》がわいています。清見《せいけん》は、さっそく水を飲みに泉《いずみ》へ近づきました。

すると、鏡《かがみ》のような水面《すいめん》に、ひとりの美しい娘《むすめ》のすがたがうつっていました。娘《むすめ》は水の中から清見《せいけん》をじっと見つめています。おどろいて手をひっこめた清見《せいけん》が後ろをふり返《かえ》ると、そこには一本の若《わか》い杉《すぎ》の木が立っていました。

「旅《たび》のつかれでまぼろしでも見たのかもしれない」

清見《せいけん》が、もう一度泉《いずみ》に近づいて水面《すいめん》をのぞくと、そこには自分の顔がゆらゆらとうつっているばかりでした。

その夜、岩代《いわしろ》の里近くの宿屋にとまった清見《せいけん》は、昼間《ひる》に泉《いずみ》で見たことを思いだしていました。

「美しい娘《むすめ》だった」

娘《むすめ》のことを考えて、すっかり目がさめてしまった清見《せいけん》は、となりの部屋《へや》に人の気配を感じました。

「こんな時間に客が入ったのかな?」

そのうち、木の葉《は》が風にそよぐような音がきこえてきました。やがて葉《は》ずれの音は、琴《こと》の音に変《か》わり、ひっそりとした部屋《へや》にひびきます。

すると、だれもさわっていないのに、となりの部屋《へや》のふすま(和風のドアのこと)が少しだけ開きました。

そこには、ふるえ上がるほど美しい娘《むすめ》がいて、琴《こと》をひいていました。よくよく見ると、あの泉《いずみ》にうつった娘《むすめ》にそっくりです。娘《むすめ》も部屋《へや》もあわいみどり色の光につつまれていました。

娘《むすめ》は、琴《こと》にあわせて歌を歌いはじめました。

水のかげ
あなたはわたしを
わたしはあなたを
見つけました
あなたをずっと待っていた
光の中でもう一度
ふたりで会いたい

この世にこんな美しい声があるのか、と清見《せいけん》がもっとよくきこうと、にじりよっていくと、娘《むすめ》も琴《こと》もたちまち消えてしまったのです。

まっくらな部屋《へや》にひとりすわっている清見《せいけん》と、森の中にいるようないいかおりだけがのこっていたのでした。

夜が明けてから清見《せいけん》は、宿の主人に、きのうの夜の夢《ゆめ》のようなできごとを話しました。

すると主人は、

「それは杉《すぎ》の精《せい》の化身《けしん》にちがいない。あなたをしたって娘《むすめ》のすがたになり、会いにきたのです。あなたは思いをよせられたのですよ」

「杉《すぎ》の精《せい》？　とてもしんじられない」

清見《せいけん》は、もう一度自分の目でたしかめようと、娘《むすめ》のすがたがうつった泉《いずみ》まで行ってみました。

泉《いずみ》のあたりはみどり色のきりがたちこめていました。

清見《せいけん》は思いきってきりの奥《おく》に進んでいきました。するとそこには小さな家があり、しずかに戸が開いて、あの娘《むすめ》がでてきたのです。

娘《むすめ》はにっこりほほえむと、

「お待ちしていました。どうぞ中へお入りください」とほほをそめるのです。

清見《せいけん》は、むねがどきどきしました。

「わたしの名前は清見《せいけん》という。あなたの名前を教えてくれないか」

「はい。杉《すぎ》、ともうします」

お杉《すぎ》は、おいしいごちそうとおいしいお酒で、清見《せいけん》をもてなしました。

何よりもお杉《すぎ》の美しさに、清見《せいけん》は見ほれるばかりでした。つややかな黒かみがゆれて、お杉《すぎ》が歩くたびに、なんともいえないよいかおりがただよいます。

清見《せいけん》は、お杉《すぎ》にすっかり心をうばわれてしまい、かた時もはなれられなくなりました。そうしていつしかふたりは、いっしょにくらすようになったのです。

やがて、清見《せいけん》は都《みやこ》へ帰ることにしました。

「ついて来るか」

「はい。どこまでもついていきます」

お杉《すぎ》はどこへ行くにも清見《せいけん》のそばをはなれません。清見《せいけん》の行くところは、文句《もんく》ひとつ言わずに、どこにでもついていきました。都《みやこ》までは長い道のりです。暑い夏の日、岩《いわ》だらけのけわしい山道をこえる時も、つめたい風のふく日、川をわたる時も、ふたりは手をとりあって旅《たび》をつづけたのです。

ようやく都《みやこ》についたふたりは、仲《なか》よくくらしはじめました。お杉《すぎ》は、ずっと前からすんでいたように、都《みやこ》の生活になじんでいきました。

幸せな毎日でしたが、ある日、どこへ行ってしまったのか、家中さがしてもお杉《すぎ》がいません。

「お杉《すぎ》、お杉《すぎ》はどこだ?」

清見《せいけん》が庭にでてみると、お杉《すぎ》が遠くの空を見つめて立っていました。見たこともないさびしそうなお杉《すぎ》のすがたに、清見《せいけん》は、思わず声をかけました。

「どうしたのだ？　何か悲しいことでもあったのか」

するとお杉《すぎ》は首を横《よこ》にふり、

「いいえ、悲しいことなど何もありません。こんなに幸せな毎日ですから。ただ……」

「ただ？」

「わたしの国では、一生に一度、お伊勢《いせ》まいりに行く『ならわし（風習《ふうしゅう》・しきたり）』があるのです。だからわたしも一度でいいから行ってみたいのです」

「お伊勢《いせ》まいり？　アマテラスオオミカミさまをまつった伊勢神宮《いせじんぐう》へ？」

「はい。ぜひとも」

お杉《すぎ》のねがいならばことわれない清見《せいけん》は、さっそく旅《たび》のしたくをはじめました。お杉《すぎ》もうれしそうに旅《たび》じたくをしています。そんなお杉《すぎ》を見ていると、清見《せいけん》までうれしくてたまりません。お伊勢《いせ》まいりは、聖地巡礼《せいちじゅんれい》の旅《たび》です。けわしい旅《たび》になりますが、ふたりで行くならば、つらいことでも苦《く》になりません。

やがて伊勢神宮《いせじんぐう》についたふたりは、無事《ぶじ》に旅《たび》を終えたお礼に、ならんでお宮におまいりしました。お杉《すぎ》は目をつぶり、長いこと頭をたれていました。

お宮のまわりには、高くて太い杉《すぎ》の木が何本もありました。お杉《すぎ》は、なつかしそうな顔で、杉林《すぎばやし》の間を歩いていきます。木のみきにさわったり、かおりをかいだり、子どものようなはしゃぎようです。

しばらくたつと、お杉《すぎ》は都《みやこ》を旅立《たび》った時のように、さびしげな顔をして清見《せいけん》にいいました。

「一生に一度といって、ねがいをかなえてくださいましたが、実はもうひとつおねがいがあります」

お杉《すぎ》のいうことならなんでもきいてしまう清見《せいけん》です。

「なんでもいってごらん」

「京《きょう》の都《みやこ》ではなく、岩代《いわしろ》の里へ帰りたいのです」

清見《せいけん》は、お杉《すぎ》の気もちがわかっていました。

「よくわかった。ふたりで岩代《いわしろ》へ帰ろう」

こうしてふたりは、岩代《いわしろ》の里へ帰りつきました。長い長い旅《たび》でした。清《せい》見《けん》がはじめてここにたどりついた時と同じように、木々の葉《は》は赤く色づきはじめ、秋になろうとしていました。

お杉《すぎ》は、いきいきとして、清見《せいけん》とふたたび里のくらしをはじめました。


ある風のない夜のことです。

「清見《せいけん》さま。泉《いずみ》の水をくんできてくださいませんか」

お杉《すぎ》が、奥《おく》の部屋《へや》から声をかけました。

清見《せいけん》は、こんな真夜中に？ といぶかしく思いましたが、ふたりがはじめて出会った泉《いずみ》まで水をくみに行きました。泉《いずみ》の近くにはほたるがたくさんとんでいました。

清見《せいけん》は、水を手おけにくんで家に帰りました。すると赤ん坊《ぼう》の泣《な》き声がきこえてきます。

「お杉《すぎ》！」

部屋《へや》の中には、元気よく手足を動かしている赤ん坊《ぼう》がいました。

お杉《すぎ》は、赤ん坊《ぼう》をだき上げてほほえみました。

「ほら、あなたにそっくりですよ」

清見《せいけん》に都《みやこ》への思いはのこっていませんでした。岩代《いわしろ》の里で、お杉《すぎ》と赤ん坊《ぼう》と三人仲《なか》よく、ずっとくらすことにしたのです。

こうして月日がたちました。ふしぎなことに、お杉《すぎ》は五年たっても十年たっても、清見《せいけん》と出会ったころのまま、若《わか》く美しいのです。清見《せいけん》はしわがふえ、こしも曲がり、すっかり歳《とし》をとりました。大きくなった子どもも、岩代《いわしろ》の里をでたまま帰ってきません。やがてお杉《すぎ》に見守《まも》られながら、清見《せいけん》はねむるように死んでいきました。

清見《せいけん》は、杉《すぎ》の木の根元にうめられました。そうしてその日からお杉《すぎ》はすがたを消してしまったのです。

それから何年も何百年もたちました。

若《わか》かった杉《すぎ》の木は、見上げるほどの大杉《おおすぎ》になりました。だれかをだきかかえているような太いみきと、風にゆれる葉《は》のゆたかさは、お杉《すぎ》の清見《せいけん》への思いが、今もつづいていることのあかしのようです。

岩代《いわしろ》の里は、やがて杉沢《すぎさわ》の里とよばれるようになりました。

ふしぎな井戸《いど》

――安達郡大玉村《あだちぐんおおたま》

安達太良山《あだたら》の広びろとしたふもとで、おじいさんとおばあさんが野良仕《のら》事をしていました。ふたりは朝早くからのびた草をぬいたり、野菜《やさい》についた虫をとったり、まめまめしくはたらいていました。

暑い暑い日でした。太陽が空のまん中に上がり、おじいさんはひたいに手をあてて目を細めました。それから大きな杉《すぎ》の木の下にこしをおろしました。遠くの神社でセミが鳴いています。風は「そよ」ともふきません。

「あぁ、のどがかわいた。水が飲みたいな」

おじいさんから少しはなれて、黄色い野の花をつんでいたおばあさんも、

「今日はほんとうに暑いですね。のどがカラカラ」

「草むらの向こうにある井戸《いど》まで行って、水をくんできてくれないか」

「はい、はい。わかりましたよ。あそこの水はつめたくておいしいですからね」

おばあさんは、水をくみに井戸《いど》までトコトコ歩いていきました。こいみ

どり色の草をかき分けると、丸くほった井戸《いど》があります。

「よいしょ」と、井戸《いど》におけをいれようとしたところ、井戸《いど》の中で何かがキラリと光ったように見えました。

「なんだろう」

おばあさんは、井戸《いど》に顔を近づけてみました。

近づいても井戸《いど》の底《そこ》はくらくてよく見えません。見えませんが、たしかに何か光るものがあるようです。

「はぁて？　いったい何だろう？　おじいさんをよんで見てもらおう」

おばあさんは急いで杉《すぎ》の木までもどりました。

「おじいさん、おじいさん、ちょっと来ておくれ」

「なんだ。水はどうした」

「水よりも、井戸《いど》がさ」

「井戸《いど》がどうした」

「光ってるんだよ」

「水が光ってるんじゃないのか」

「ちがう。ちがう。早く見ておくれ」

おじいさんがのぞくと、井戸《いど》の奥《おく》で何かがキラリと光りました。

「なんだこれは。井戸《いど》の水を全部ぬかないとわかんねぇな」

「ね、ね。くんでみましょうよ」

そこでふたりは、井戸《いど》の水をくみはじめました。

「ほれ、やっしょい」

「これ、やっしょい」

ふたりは水を飲むこともわすれて、あせびっしょりになって水をくみました。

「ほれ、あと少し」

「やれ、もう少し」

水はどんどんくみ上げられ、とうとう井戸《いど》の底《そこ》が見えるまでになりました。

すると、おじいさんがさけびました。

「こ、これはたまげた！」

井戸《いど》の中からは、美しい玉があらわれました。西の方角にその玉を向けてみると、安達太良山《あだたらやま》まですきとおってよく見えます。まるできよらかな水の中をのぞいているようです。

「この玉はなんでしょう。どうして井戸《いど》の中からでてきたのでしょうね」

「うーん。おれたちではなんだかわかんねぇな。庄屋《しょうや》（村のまとめ役）さまにきいてみるか」

それからふたりは、大事に玉をかかえて庄屋《しょうや》さまのおやしきへ行きました。

大きな部屋《へや》にとおされたおじいさんは、うやうやしく玉をかかげました。

「庄屋《しょうや》さま。畑の井戸《いど》からこんなものがでてきました」

「ほう。なんと美しい玉。これが井戸《いど》からでてきたのか」

庄屋《しょうや》さまのふくよかな手のひらの上で、キズひとつない玉はゆらりと天《てん》じょうをうつして光りました。庄屋《しょうや》さまでも見たことがないし、どうして井戸《いど》からでてきたのかもわかりません。

そこで、村人を集めてきいてみることにしました。

はじめに、よく当たるというううらない師《し》が進みでました。うらない師《し》は玉を布《ぬの》でくるんでこういいました。

「これはうらないの玉ですじゃ。ほれ、わたしがこうしてさわると、玉の中に何かが見えてきますよぉ」

うらない師《し》はやせたゆびで玉をさわりました。けれども、いくら待っても何も見えてきません。うらない師《し》はすごすごと帰っていきました。

次によばれたのが石屋の職人《しょくにん》です。石屋は、

「こいつぁ火打石《ひうちいし》じゃあないか？　たたくと火花がでるはずだ」

といって、いきなり玉をたたこうとしました。キズがついては大変《たいへん》です。

みんなで石屋を止めました。

最後《さいご》によばれたのは、頭がよくてなんでもわかる、寺子屋の先生です。

先生は、背中《せなか》をまっすぐにしていいました。

「これは、ハリといってこおったままのとけない氷ですよ。冬のあいだに井戸《いど》の中でかたまったにちがいない」

「ほぅ、いかにも、いかにも」

きいている村人から声が上がりました。

そこで、おじいさんがいいました。

「氷にしてはちっともつめたくないが」

庄屋《しょうや》さまも首をかしげていいました。

「その話は、なんとなくおもしろくないのう」

先生は、顔を赤くしてひっこみました。

さて、村人のだれからもこれだ、という答えがでてきません。

「ふーむ。そうだ。村のはずれにすんでいる長老《ちょうろう》をわすれていた。あの長《ちょう》

老《ろう》なら、もしかしたら何か知っているかもしれんな」と庄屋《しょうや》さまがいいました。

そこで、村一番の物知りといわれる長老《ちょうろう》がよばれました。白く長いあごひげをはやしたすがたは、人間界をはなれて長く生きている仙人《せんにん》のようです。

「長老殿《ちょうろうどの》。畑の井戸《いど》からこんなものがでたそうだ」

庄屋《しょうや》さまが玉を見せました。長老《ちょうろう》は、玉を手にとってじっと見つめ、目をつぶりました。

みんな長老《ちょうろう》が何を話すのか待っています。ようやく目を開けた長老《ちょうろう》は話しはじめました。

「遠い遠い、むかし……」

ごくり、とおじいさんがのどを鳴らしました。

「御山《おやま》（むかしの安達太良山《あだたらやま》のこと）が大《だい》ばくはつした。赤黒《あかぐろ》い雲がもくもくと空いっぱいに広がり、大きな石が雨のようにふってきた。このあたりはいちめんの灰《はい》にうもれたのだ。その後《あと》大地が大きくゆれたそうだ。そのゆれる音は、地の底《そこ》からでてきたかいぶつの足音のようだった。足音がきこえなくなった後《あと》には、なんにものこっていなかったのだ」

「家や、畑はどうした？　村人は？」

庄屋《しょうや》さまがきくと、長老《ちょうろう》はこう答えました。

「家も畑も、子どもが遊んだ川も。村人のだれものこってはいなかった」

「子どもたちも……」おばあさんがつぶやきました。

「何もかもだ」

おばあさんはきいていてむねが熱《あつ》くなりました。集まった人びとは物音ひとつたてませんでした。部屋《へや》の中は、耳がいたくなるほどしずかになりました。

そのしずけさをやぶるように、庄屋《しょうや》さまが声をだしました。

「それからどうした？」

庄屋《しょうや》さまは、話のつづきが早くききたくて、うずうずしていたのです。

「その年、海の向こうの大陸《たいりく》から龍《りゅう》がとんできた」

こんどは庄屋《しょうや》さまがごくり、とのどを鳴らしました。

「海をわたってきた龍《りゅう》が、ちょうどこのあたりで地上を見おろしたそうだ。そうして何もかも消えている有《あり》さまを見て、長いひげをたらし、オンオン泣《な》いてなみだをこぼした」

「龍《りゅう》が、泣《な》いた……」

庄屋《しょうや》さまがつぶやきました。

それをきいたおばあさんのほっぺたには、なみだが流れました。

「そのなみだが地上に落ち、長い時間をかけてこのような玉になった。これを水晶《すいしょう》という」

ほーっ。集まった村人のみんながほほをぬらしていました。

さらに長老《ちょうろう》は、こんな話をしました。

「龍《りゅう》のなみだが落ちたところから水がわきでるようになり、どんな日でりの時でも、この井戸《いど》の水は、けっしてかれないのだ」

「なんと、そのような『いわれ』があったとは……。そうだ。この玉は村の宝《たから》として大事にしよう」庄屋《しょうや》さまもなみだをこぼしていいました。

おじいさんもおばあさんもうなずきました。

さらに、庄屋《しょうや》さまは村人にこうつげました。

「この話をわすれぬよう、このあたりの地を『玉井《たまい》』と名づけ、井戸《いど》の名は『玉井の井戸《たまいのいど》』としよう」

こうして水晶《すいしょう》に形を変《か》えた龍《りゅう》のなみだは、今でも美しくとうめいなかがやきで村をそっと守《まも》っているそうです。

いつの時代の話かはだれもわかりません。

あとがき

及川　俊哉（おいかわ・しゅんや）

福島《ふくしま》市に住んで、詩人をしています。

もともとふるいお寺や神社をめぐることがすきで、おまいりをしたりしていましたが、この本のおはなしを書きながら、あらためて、福島《ふくしま》について学ぶことがたくさんありました。川俣《かわまた》の小手姫《こてひめ》の大きな銅像《どうぞう》や、医王寺《いおうじ》の若桜《わかざくら》・楓《かえで》の像《ぞう》、土湯《つちゆ》温泉《おんせん》の太子堂《たいしどう》の聖徳太子像《しょうとくたいしぞう》などをはじめて見てたいへんにおどろきました。福島《ふくしま》にはまだまだおどろかされるものがたくさんあるのだな、と感心しました。

おろすと大杉《おおすぎ》のはなしに、切りくずをもやしながら木を切るところがあります。実はハワイにも同じはなしがつたわっています。大昔《むかし》のハワイと福島《ふくしま》が、どのようにつながっていたのでしょうか？　昔《むかし》のハワイの人たちは、カヌーがとくいだったようなので、もしかしたら、黒潮《くろしお》にのって、福島《ふくしま》までやってきていたのかもしれません。しらべるほどになぞがふかまる福島《ふくしま》。これからもしらべていきたいと思います。

及川　友江（おいかわ・ともえ）

福島《ふくしま》市に住んで、エッセイを書く仕事をしています。神社やお寺、温《おん》泉《せん》をめぐることが好《す》きです。猫《ねこ》を5匹《ひき》飼っています。

この本を書くにあたって、福島《ふくしま》県立図《と》書館《しょかん》からかりた資料《しりょう》をもとに、お話に登場するお寺や神社、塚《つか》、舞台《ぶたい》になった土地へ行ってきました。

いつもはただ通《とお》り過《す》ぎていた場所に、こんな物語《ものがたり》が伝《つた》わっていたなんてと、まるで別《べつ》の世界のとびらを開けたような気持ちになりました。登場人物はこんな景《け》色《しき》を見ていたのかな？　ここに触《さわ》ったりしたのかな？　どんな香《かお》りをかいでいたのかな？　そう考えながらまわってみると、お話をより身近に感じることができました。また、ゆかりのお寺や観光案内《かんこうあんない》所《じょ》の方々から、直接《ちょくせつ》お話をうかがったり、資料《しりょう》をいただいたりと、その場所に行ってみて、はじめてわかることがたくさんありました。

みなさんも本を片手《かたて》に、物語《ものがたり》の舞台《ぶたい》をめぐる冒険《ぼうけん》へ、ぜひ出かけてみてくださいね。

菅野　俊之（かんの・としゆき）

福島《ふくしま》市に住んで、本を書く仕事をしています。福島学院大学《ふくしまがくいんだいがく》こども学科で、文学の授業《じゅぎょう》を担当《たんとう》しています。

二人《ふたり》で火を吹《ふ》くと、からすになるという言い伝《つた》えがあります。二人《ふたり》で火をフウフウと吹《ふ》いたからといって、まっ黒な鳥のからすになってしまった人はいないので、うそっぱちですね。でも、折口信夫《おりくちしのぶ》という学者は、昔《むかし》の人たちは本当のことだと信《しん》じていて、なぜそういうことになるのか、理由もわかっていたと言っています。

この本に書いてある昔《むかし》のお話も、なんだかあやしげで変てこなことばかりです。でも、このようなお話を作り出し、父母から子どもたちへと語《かた》り続《つづ》けた、昔《むかし》の人たちの気もちになって読《よ》んでみてください。みなさんが住んでいるところにある、神社や山や沼《ぬま》などに伝《つた》わるファンタジーを、すなおな心で楽しんでみてください。もしかすると、本当のことがかくされているのかもしれません。

木戸　多美子（きど・たみこ）

詩人。詩集や絵本を出しています。福島《ふくしま》市で生まれて、二本松《にほんまつ》市に住んでいます。

電気がなかったころ、夜は真《ま》っ暗《くら》でした。昔《むかし》の人は、暗《くら》やみで動くわけのわからないものや、こわいものからお話を作るのが上手でした。見えないものに名前をつけたり、この世にいない生き物を作ったり。この本のお話は、ちょうど暗《くら》やみの中で小さなロウソクの火を消さないように、消さないようにと語りついできたものばかりです。

みなさんの住んでいる町に神社やお地《じ》蔵《ぞう》さんはありますか？　おかしな形の石や大きな木は？　どうしてそこにあるのでしょう。なかには誰《だれ》も知らない、もうすぐ消えてしまうものもあるかもしれません。そんな不思議《ふしぎ》な場所があったら、友だちやお家の人に教えてもいいし、自分だけの秘密《ひみつ》にしてもいいでしょう。

なぜ？　から物語《ものがたり》は始《はじ》まります。お気に入りのお話や場所を見つけて、みなさんの心の火をともし続《つづ》けてください。

さとう　てるえ

福島《ふくしま》生まれの福島《ふくしま》育ち。小さい頃から絵を描《か》くのが好きで、大きくなっても絵を描《か》いています。

絵のほかに好《す》きなのは動物と虫と宇宙《うちゅう》と本（漫画《まんが》も含《ふく》む）です。

このむかしばなしはお話の内容《ないよう》に合わせてふたつの方法《ほうほう》で絵を描《か》きました。ひとつは切り絵にパステルで色をつける方《ほう》法《ほう》、もうひとつは墨《すみ》で描《か》いて絵の具で色をつける方法《ほうほう》です。お話がおもしろいので、描《か》きながら天狗《てんぐ》になったり狐《きつね》になったり水にもぐったり空を飛《と》んだりいろいろな冒険《ぼうけん》をしました。お話の中ではどんな世界にも行けます。みなさんもたくさん本を読んでもの知りになってください。そして自分でもお話を書いてみましょう。絵が好《す》きな人はいっぱい絵を描《か》いてくださいね。

主《おも》な参考《さんこう》図書《としょ》

「信達民譚集」近藤喜一著　郷土研究社　一九二八年

「福島の民話」片平幸三編　第一、二集　未来社　一九五八、一九六六年

「福島県の民話」　偕成社　一九七八年

「福島県の昔話と伝説」　福島県教育委員会　一九八六年

「福島の民俗」Ⅱ　福島市教育委員会　一九八〇年

「福島市文化財調査報告書」第八集　福島市教育委員会　一九七〇年

「福島市史資料叢書」第三〇輯　福島市教育委員会　一九七七年

「信夫」　歴史春秋社　二〇一〇年

「信夫山」西坂茂著　信夫山保勝会　一九四一年

「信夫の古蹟王老杉物語」佐藤直政編　王老杉遺蹟顕彰会　一九五七年

「郷土の史跡を訪ねて　No.一〜八二　改訂版」福島市西学習センター　二〇〇六年

「萬蔵さま物語」路杳哉著　砂時計社　一九三二年

「伊達町史」第二巻　伊達町　一九九六年

「保原町史」第四巻　保原町　一九八一年

「霊山町史」第二巻　霊山町　一九七九年

「桑折町史」第三巻　桑折町史出版委員会　一九八九年

「国見町史」第四巻　国見町　一九七五年

「すぎのめ」二二号　福島市杉妻地区史跡保存会　一九九九年

「川俣史談」二号、一〇号　川俣地方史研究会　一九七六、一九八三年

「郷土の研究」五号　国見町郷土史研究会　一九七五年

「安達郡誌」　歴史図書社　一九七七年

「相生集」上、下　二本松市　二〇〇五年

「二本松市史」第八巻　二本松市　一九八六年

「二本松の伝説とむかしばなし」渡辺武久編著　歴史春秋社　一九九四年

「あだち野のむかし物語」その一、二　安達地方新しい旅実行委員会　二〇〇一、二〇〇二年

「大玉村史」上巻　大玉村　一九七六年

麦わらぼうしの会・担当《たんとう》一覧《いちらん》

及川俊哉《おいかわしゅんや》
湖のたたかい、大杉《おおすぎ》と娘《むすめ》の恋《こい》、聖徳太子《しょうとくたいし》と温泉《おんせん》、乙和《おとわ》の椿《つばき》、絹《きぬ》の里のはじまり

及川友江《おいかわともえ》
海に沈《しず》んだ美少年、お春地蔵《じぞう》さま、懸田御前《かけだごぜん》の観音像《かんのんぞう》、沼《ぬま》の底《そこ》のおやしき、ミイラになった万蔵《まんぞう》さま

菅野俊之《かんのとしゆき》
吾妻《あづま》山の雪うさぎ、ゴンボ狐《ぎつね》とその仲間《なかま》たち、ふしぎな信夫《しのぶ》山、弁天《べんてん》山の安寿《あんじゅ》と厨子《ずし》王、もちずり石と悲しい恋《こい》、茂庭《もにわ》のおろち退治《たいじ》、あめ買い幽霊《ゆうれい》、高子沼《たかこぬま》の黄金《こがね》発見

木戸多美子《きどたみこ》
ひよこと白へび、狼《おおかみ》と子ども、奇跡《きせき》の水、雷太《らいた》と三太郎《さんたろう》、月夜の猫《ねこ》おどり、船形《ふながた》山の天狗《てんぐ》、鈴《すず》の鳴る石、安達ヶ原《あだちがはら》の鬼《おに》ばばあ、白旗《しろはた》のたたかい、かや姫《ひめ》さま、杉《すぎ》の花嫁《よめ》、ふしぎな井戸《いど》

さとうてるえ　さし絵、タイトル文字

しのぶ・あだたらの むかしばなし

平成三十年七月二十一日発行

著者　麦わらぼうしの会

発行者　阿部　隆一

発行所　歴史春秋出版株式会社
〒九六五－〇八四二
福島県会津若松市門田町中野八－一
電　話（〇二四二）二六－六五六七
ＦＡＸ（〇二四二）二七－八一一〇

印刷　北日本印刷株式会社

製本　有限会社羽賀製本所